독재제와 민주제, 그리고 경제발전

독재제와 민주제, 그리고 경제발전[1, 2]

Dictatorship, Democracy, and Development

멘서 올슨[3] 지음 | 이성규 옮김

1 Olson, Mancur, "Dictatorship, Democracy, and Development," *American Political Science Review*, Vol. 87, No. 3, September 1993, pp. 567~576.

2 본 연구를 위해 '제도개혁 및 비공식부문 연구센터'를 통해 재정적 지원을 해준 미 국제개발청(Agency for International Development)에게 감사를 드린다.

3 1993년 당시 미국 메릴랜드(Maryland) 대학교 경제학과 석좌교수 겸 '제도개혁 및 비공식부문 연구센터'(Center for Institutional Reform and the Informal Sector) 소장.

율곡출판사

역자 서문

저명한 경제학자인 고(故) 멘서 올슨(Mancur Olson)은 1993년 미 정치학리뷰지(APSR)에 "독재제, 민주제 그리고 경제발전"라는 제목으로 놀라운 혜안들이 들어 있는 논문을 발표하였다. 올슨의 이 논문은 나중에 그의 유고작이자 생애 마지막 명저인 『정치권력과 경제번영(Power and Prosperity)』(2000년)의 초석이 되었다.

〈원본 번역 과정 예〉

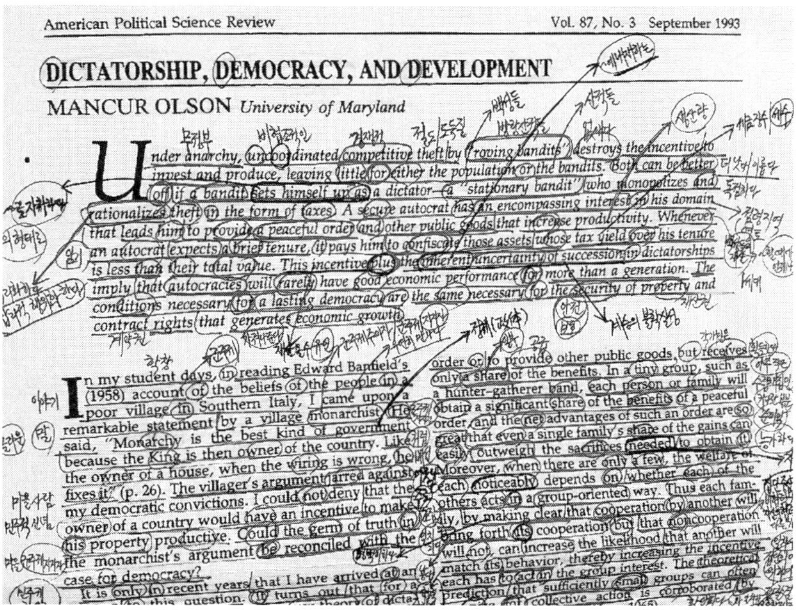

American Political Science Review Vol. 87, No. 3 September 1993

DICTATORSHIP, DEMOCRACY, AND DEVELOPMENT

MANCUR OLSON *University of Maryland*

Under anarchy, uncoordinated competitive theft by "roving bandits" destroys the incentive to invest and produce, leaving little for either the population or the bandits. Both can be better off if a bandit sets himself up as a dictator—a "stationary bandit" who monopolizes and rationalizes theft in the form of taxes. A secure autocrat has an encompassing interest in his domain that leads him to provide a peaceful order and other public goods that increase productivity. Whenever an autocrat expects a brief tenure, it pays him to confiscate those assets whose tax yield over his tenure is less than their total value. This incentive plus the inherent uncertainty of succession in dictatorships imply that autocracies will rarely have good economic performance for more than a generation. The conditions necessary for a lasting democracy are the same necessary for the security of property and contract rights that generates economic growth.

In my student days, in reading Edward Banfield's (1958) account of the beliefs of the people in a poor village in Southern Italy, I came upon a remarkable statement by a village monarchist. He said, "Monarchy is the best kind of government because the King is then owner of the country. Like the owner of a house, when the wiring is wrong, he fixes it" (p. 26). The villager's argument jarred against my democratic convictions. I could not deny that the owner of a country would have an incentive to make his property productive. Could the germ of truth in the monarchist's argument be reconciled with the case for democracy?

It is only in recent years that I have arrived at an … this question. It turns out that …

… order or to provide other public goods, but receives only a share of the benefits. In a tiny group, such as a hunter-gatherer band, each person or family will obtain a significant share of the benefits of a peaceful order, and the net advantages of such an order are so great that even a single family's share of the gains can easily outweigh the sacrifices needed to obtain it. Moreover, when there are only a few, the welfare of each noticeably depends on whether each of the others acts in a group-oriented way. Thus each family, by making clear that cooperation by another will bring forth its cooperation but that noncooperation will not, can increase the likelihood that another will match its behavior, thereby increasing the incentive each has to act in the group interest. The theoretical prediction that sufficiently small groups can often … collective action is corroborated by …

이 논문은 제목에서 암시하듯이 독재제(dictatorship)와 민주제(democracy)로 대분되는 '정치권력'(political power)이 '경제발전'(economic development)에 어떻게 영향을 미치는지를 경제학적으로 분석하고 있다. 이 논문에서 올슨의 본질적 질문은 '왜 민주제(democracy) 또는 민주적 정부(democratic government)가 수립되는가?'에 있다. 올슨의 유명한 비유에 따르면 백성들은 방랑산적들(roving bandits)보다 정주산적들(stationary bandits)을 더 좋아한다. 방랑산적들은 때때로 백성들을 약탈해서 그들이 생산한 '모든 것'을 하나도 남기지 않고 강탈하거나 도둑질해간다. 그러나 방랑산적들이 정착해서 어느 한 점령지역에서 도둑질을 독점하고 백성들을 보호해준다면 점령지역에서의 무정부 상태(anarchy)가 사라지고 다른 방랑산적들로부터의 위협도 없어질 것이다. 올슨은 이를 "**보이지 않는 손의 첫 번째 축복**"(the first blessing of the invisible hand)이라고 불렀다. '보이지 않는 손의 첫 번째 축복'이란 '어떤 방랑산적이 점령지역에 정착해서 자신을 그 지역의 지배자로 칭하며 무정부(無政府)를 정부(government)로 대체하는 것'을 말한다. 백성들은 주로 정주산적들을 더 좋아한다. 왜 그런가? 백성들은 정주산적들에 의한 도둑질(강탈행위)이 백성들로부터 재산을 강탈해가지만 방랑산적들보다 항상 더 적은 양을 빼앗아간다는 것을 알기 때문이다. 정주산적들은 백성들이 먹고살며 생산에 쓸 만큼의 재산을 남겨두지만, 방랑산적들은 때때로 나타나 백성들로부터 모든 것을 빼앗아간다.

그러면 정주산적들은 백성들로부터 얼마를 빼앗아가는가? 정주산적들은 백성들로부터 가능한 한 최대의 세금을 징수해갈 것이다. 물론 독재자(전제군주)와 백성들의 소득을 감소시키는 세율 수준이 있을 것이다. 독재자의 '세수(稅收)를 극대화하는 세율'을 초과한다면 독재자에게 이익이 되지 않을 것이다. 반면에 강탈에 의해 징수한 세금의 일부를 백성들을 위한 공공재 지출에 사용한다면 독재자의 이익이 증가할 것이다. 이는 정주산적(독재자)이 점령지역에 '**포괄적인 이해관계**'(encompassing interest)를 가지고 있기 때문이다. 독재자에 의한 현명한 공공재 지출은 국민들의 소득을 증가시키며, 그 결과 독재자의 세금 징수도 증가한다.

다음으로 민주제(democracy)의 경우는 어떤가? 국민들은 정주산적이나 독재제(독재정치)보다 민주제(민주정치)를 더 선호할 것이다. 왜 그런가? 민주적 정부와 국민들은 국민들에 대한 세금 인하로부터 모두 이익을 얻을 것이기 때문이다. 올슨에 따르면 민주제에서의 최적 세율은 전제군주제(독재제)에서의 최적 세율보다 더 낮을 것이다. 이는 민주제에서 대표자들은 전제군주(독재자)보다 그 사회에 **'더 포괄적인 이해관계'**(more encompassing interest)를 가지고 있기 때문이다. 다시 말하면, 전제군주(독재자)는 백성들로부터 지대를 빼앗아오는 데 주된 관심이 있지만, 민주제 또는 민주적 정부는 국민들의 시장소득 증가나 시장 확장에 관심이 있다.

개인의 권리들은 민주제 하에서 가장 잘 보호된다. 올슨은 "정부 없이는 사유 재산도 없다"라고까지 말했다. 민주제는 사유 재산을 보호하고 장기 거래와 계약을 보호하는 각종 제도들을 가장 잘 마련해준다. 그러나 **'영속적 민주제'**(lasting democracy)가 잘 실행되고 존속되려면 개인의 권리, 재산권과 계약권, 법의 지배, 독립 사법권 등이 확고하게 보장되어야만 한다. 왕이나 군주가 장수해야 이러한 권리들이 유지될 수 있다. 그러나 왕이나 군주가 일찍 서거하면 커다란 불안정이 발생할 수 있다. '안정적인 민주제'만이 그러한 권리들을 가장 안전하게 보호해준다. 올슨에 따르면 역사적으로 최고의 경제발전을 이룩하고 오랫동안 높은 경제 성과를 누려온 국가들이 모두 **'안정적인 민주제 국가들'**(stable democracies)이라는 사실은 결코 우연이 아니다.

이 논문을 다른 각도에서 살펴보면 여러 유익한 통찰력을 얻을 수 있다. 올슨은 역사를 통해 백성들이 방랑산적들의 약탈 하에서 사는 것보다 정주산적들이나 전제군주들 하에서 사는 것이 더 낫다는 사실을 발견하게 되었다. 사실상 방랑산적에서 정주산적이나 전제정치로 나아가는 것이 '문명의 시작'이라고 보았다. 그러나 이것은 하나의 수수께끼이다. 전제군주들과 방랑산적들은 백성들로부터 재산을 최대한 빼앗아오려 한다는 점에서 유사하다. 그럼에도 왜 전제군주의 강탈이 방랑산적의 강탈보다 더 나은가? 올슨에 따르면 전제군주는 자신이 약탈하는 지역에 **"포괄적 이해관계"**(encompassing interest)를 가지고 있기 때문이다. 전제군주는 자신의 지배지역이 번창한다면 세금으로 더 많이 빼앗아올 수 있다. 방랑산적은 점령지역을 파괴하고 이동하지만, 정주산적은 성장을 촉진시켜 나중에 더 많은 것을 빼앗아오기 위하여 단기적으로 세금을 낮게 부과한다. 더구나 정주산적이나 전제군주(독재자)는 백성들에게 성장을 촉진시키는 공공재들을 공급함으로써 나중에 더 많은 세금을 강탈해온다. 이는 이미 언급했듯이 정주산적이나 전제군주가 점령지역에 "**포괄적 이해관계**"를 가지고 있기 때문이다.

또한 전제(독재)정치(autocracy)는 대개 무정부(anarchy)보다 백성들에게 훨씬 더 낫다. 민주제의 경우는 어떤가? 민주적 정부들이 오로지 다수(majority)의 이익을 위하여 지배한다고 가정해 보자. 다시 말하면, 민주적 정부들이 아무런 거리낌 없이 소수의 사람들을 착취한다고 가정해 보자. 민주제는 순전히 경제적 의미에서 여전히 전제군주제에 비해 커다란 이점을 가지고 있다. 심지어 '약탈적 민주제'(predatory democracy) 하에서도 민주적 정부는 전제정치보다 "**더 큰 포괄적 이해관계**"(greater encompassing interest)를 가지고 있다. 왜 그런가? 민주제 하에서 다수의 사람들은 일정 비율의 세금을 지불하기 때문이다. 또한 다수의 사람들은 소득 증가로부터 이익을 얻을 뿐만 아니라 정부가 공급해주는 공공재들로부터도 이익을 얻기 때문이다. 따라서 민주적 정부는 다수의 사람들에게 '**더 큰 포괄적 이해관계**'를 가지고 있다.

민주적 다수의 수가 더 커질수록 포괄적 이해관계의 크기도 더 커진다. 심지어 견제와 균형과 함께 '압도적 다수'(supermajority)를 요구하는 헌법은 소위 "**슈퍼 포괄적 이해관계**"(super-encompassing interest)를 만들어낼 수 있다. 그 결과 민주적 정부는 소수의 사람들에 대해서는 성장을 저해하는 세금 징수를 더 적게 하며, 다수의 사람들에게는 성장을 촉진시키는 공공재를 더 많이 공급할 것이다.

이러한 논의는 민주제가 부유한 국가들에서만 출현하는 하나의 사치재라는 생각을 단숨에 뒤엎을 수 있다. 올슨에 따르면 역사적으로 정치권력의 분산과 대의(代議) 민주제의 출현이 종종 더 빠른 경제성장을 유발해왔다. 역사적으로 경제번영이 민주주의에 이바지했다는 것은 분명한 사실이다. 그러나 올슨에 의하면 동유럽에서의 경우처럼 민주주의가 경제번영에 이바지한 것도 사실이다.

본 논문의 번역은 다음과 같이 이루어졌다. 우선 원문을 철저히 번역하였으며, 다음으로 독자의 이해를 돕기 위해 [역자 해설], [역주], 〈주요 키워드〉, 본문의 주요 내용과 관련한 〈참고 자료〉, 〈찾아보기〉 등을 추가하였다.

마지막으로 이 책을 기꺼이 내어주신 율곡출판사 박기남 사장님과 박정헌 이사님, 책 표지를 화려하게 디자인해주신 방조일 주간님, 그리고 편집에 심혈을 기울여주신 차은지 대리님께 무한한 감사를 드린다. 이분들의 '출판보국(出版報國)의 열정'이 급변하는 출판 환경에도 언제나 식지 않기를 염원하며 이 글을 마친다.

2019년 10월 3일

第18호 태풍 '미탁'으로 비가 내리는 가운데

역등서원(易東書院)이 있는 송천 우거에서

이성규 씀

차 례

〈요약〉

무정부(無政府, anarchy) 상태 하에서 **"방랑산적들"**(roving bandits)에 의한 비협력적이고 경쟁적인 도둑질(theft)은 백성들이 투자하고 생산하려는 유인을 없애며, 이로 인해 백성들이나 산적들에게 거의 아무것도 남겨두지 않는다. 이러한 경우에 어느 한 **'합리적 산적'**(rational bandit)이 어떤 지역에 '정주(定住)해서' 자신을 '독재자'(dictator)로 자처한다면 이는 백성들과 산적들 모두에게 더 이로울 것이다. 어떤 합리적 산적이 점령지역에서 자신을 독재자로 자처할 때 그를 "정주산적"(stationary bandit)이라고 부른다. 정주산적은 세금의 형태로 도둑질을 독점하고(monopolize) 합리적 행위화(rationalize) 한다. **안전한 정주산적** 또는 **전제군주**(autocrat)는 자신의 점령지역에 **'포괄적 이해관계'**(encompassing interest)를 가진다. 이로 인해 생산량을 증가시키기 위해 점령지역에 평화적 질서(peaceful order)와 다른 공공재들(public goods)을 공급하려는 유인을 가진다. 그러나 어떤 전제군주(독재자)가 '짧은 임기'를 가지거나 예상할 때에는 백성들의 재산을 몰수하는 게 자신에게 항상 이로울 것이다. 이때 전제군주가 자신의 임기 동안 거두어들이는 세금 징수(세수)는 백성들이 가진 재산의 총 가치보다 적을 것이다. 이러한 재산 몰수 유인에 덧붙여 독재제(獨裁制)에 내재하는 **'계승의 불확실성'**(succession uncertainty ; 계승 위기) 때문에 전제정치(autocracies)는 1세대 이상 동안 좋은 경제 성과를 거의 지속하지 못할 것이다. 따라서 **'영속적 민주제'**(lasting democracy)에 필요한 조건들은 경제발전을 가져다주는 '재산권과 계약권의 안전(보호)'을 위해서도 필요하다. 즉, 사법체계, 독립 사법부, 법과 개인의 권리에 대한 존중 등은 개인의 재산권과 계약권의 안전을 위해 필요한 조건들인 동시에 '영속적 민주제'를 위해서도 필요한 조건들이다.

I. 서론 : 독재제와 민주제, 그리고 경제발전에 대한 새로운 이론의 필요성

나는 학창 시절에 벤필드(E. Banfield, 1958) 교수가 쓴 책[1]에서 남부 이탈리아의 어느 가난한 마을에 사는 사람들의 믿음에 대한 이야기를 읽으면서 어느 한 마을의 어떤 군주제 지지자가 한 놀라운 말을 우연히 접하게 되었다. 그는 "왕(군주)이 국가의 주인이기 때문에 군주제(monarchy)[2]가 최선의 정부(government) 형태이다. 이것은 마치 어떤 집의 주인의 역할과 같다. 집 주인은 자기 집의 배선(配線)이 고장 나면 자신이 그것을 고치기 때문이다"(Banfield, 1958, p. 26)라고 말했다. 이 말은 과연 진실인가? 그 마을 사람의 말은 내가 생각하고 있었던 민주적 신념과 어긋나는 것이다. 어떤 집의 주인처럼 어떤 국가의 주인도 자신의 재산을 생산적으로 만들려 할 것이다. 나 역시 이 점에 대해 부인하지 않는다. 그러나 나는 그의 말에서 다음과 같은 의문을 가지게 되었다. '군주제가 최선의 정부 형태'라는 그 군주제 지지자의 말 속에 들어 있는 진실의 조짐은 과연 내가 믿는 '민주제 옹호론'과 일치될 수 있을까?

---

1 Banfield, Edward(1958), *The Moral Basis of a Backward Society*, Glencoe, IL : Free Press.

2 **[역주]** '군주제'(君主制)란 세습의 군주를 국가의 원수로 하는 정치체제를 말함.

나는 최근(1993년 기준)에서야 이 질문에 대한 해답을 찾을 수 있게 되었다. 그 질문에 대한 만족스러운 해답을 얻으려면 **'독재제'**(dictatorship ; 독재정치)와 **'민주제'**(democracy ; 민주정치)에 대한 **"새로운 이론"**이 필요할 뿐만 아니라 이러한 유형의 정치체제 각각이 어떻게 **'경제발전'**에 영향을 미치는지에 대한 "새로운 이론"이 필요하다. 일단 두 정치체제와 경제발전에 대한 "새로운 이론"이 충분히 이해되면 우리는 **전제정치**(autocracies)와 **민주정치**(democracies)가 최초에 '어떻게 출현하는가'를 알 수 있다. 나는 먼저 이러한 **개념들**을 간단히 그리고 비공식적인 방법으로 설명한 후, 이를 사용하여 **'역사적 경험'**에서 나타난 가장 두드러진 몇몇 특징들을 설명하고자 한다.

독재제(독재정치)와 민주제(민주정치)에 대한 새로운 이론의 출발점은 '어떤 사회에서 **평화적 질서(peaceful order)**와 **다른 공공재들(public goods)**이 공급되지 않는다면 그 사회(국가)는 잘 작동되지 않을 것이다'에 있다. 분명히 **'무정부 상태에서의 폭력'**(anarchic violence)은 그 사회(국가)에 이롭지 않을 것이다. 왜냐하면 폭력과 절도의 피해자들은 가해자들이 빼앗아가는 물건들뿐만 아니라 그 물건들을 '생산하려는 유인'(produce to incentive)도 함께 잃어버리게 되기 때문이다. 따라서 어떤 사회에서 평화적 질서가 없다면 — 즉, 무정부 하에서는 — 생산이 거의 또는 전혀 일어나지 않을 것이다.

그러므로 국내에 평화적 질서와 다른 기본 공공재들을 공급함으로써 커다란 이익이 발생할 것이다. 그러한 이익은 어떤 사회 내 모든 사람들을 더 이롭게 하도록 나누어 가질 수 있다. 이로부터 우리는 다음과 같은 결론을 도출할 수 있는가? 즉, 모든 사람들이 평화적 질서로부터 이익을 얻을 수 있기 때문에 평화적 질서가 사람들 간의 **'자발적 합의'**(voluntary agreement)에 의해 제공될 수 있는가? 직관적으로 어떤 사회에서 모든 사람들이 평화적 질서로부터 이익을 얻기 때문에 '평화적 질서'는 모든 사람들의 '자발적 합의'에 의해 제공될 수 있을 것이라고 추론할 수 있다. 그러나 평화적 질서나 다른 공공재들이 가지는 고유의 특성(**[역주]** 즉, 비경합성과 비배제성)으로 인해 이들의 공급에 대해 사람들 간에 자발적 합의가 이루어지지 않을 것이다.

이제 우리는 이 문제의 논리(logic)로부터 다음과 같은 중요한 추론을 제시할 수 있다. 즉, **'작은 집단들 (small groups)의 경우 일반적으로 평화적 질서(peaceful order)가 구성원들 간의 자발적 합의(voluntary agreement)에 의해 제공될 수 있지만, '큰 집단들'(large groups)에서는 평화적 질서의 제공에 대하 자발적 합의가 일어나지 않을 것이다.**

In small groups, a generally peaceful order will

normally emerge by 'voluntary agreement', but in large populations, it will not.

집단들 간에 왜 이러한 '상이한' 결과가 발생하는가? 이 문제에 대한 핵심은 소위 '**비용 집중과 이익 분산**'에 있다. 집단 내 각 개인은 평화적 질서를 확립하거나 다른 공공재들을 공급하는 데 드는 모든 비용(costs)이나 위험(risks)을 자신이 부담한다. 그러나 평화적 질서와 다른 공공재들로부터 발생하는 이익(benefits)은 집단 내 회원들에게 똑같이 돌아가기 때문에 각 개인은 그러한 이익의 일부만을 자신이 획득할 수 있다.(**[역자 해설]** 이를 소위 **"비용 집중(cost concentration)과 이익 분산(benefit dispersion)"**이라고 부른다. 즉, 비용은 자신에게 집중되고 이익은 집단 내 모든 사람들에게 골고루 분산됨을 말한다.) 수렵 채집인 무리와 같은 '**아주 작은 집단**'의 경우에 각 구성원이나 가족은 평화적 질서로부터 발생하는 이익에서 커다란 부분을 획득할 수 있다. 작은 집단들의 경우 평화적 질서로부터 얻는 순이익이 매우 커서 심지어 어느 한 단일가족이 얻는 이익이 그것을 얻는 데 지불한 희생(비용)을 쉽게 초과할 수 있다. 또한 어떤 집단 내에 단지 두서 명의 회원이 있을 때 각 회원이 얻는 이익은 주로 집단 내 다른 회원들이 '**집단 지향적(group-oriented)**으로 행동하느냐'의 여부에 달려있다. 즉, 각 가족은 '다른 가족이 협력하면 자신도 협력할 것이고, 그들이 협력하지 않으면 자신도 협력하지 않을 것이다' 라는 사실을 명백히 할 것이다. 이렇게 함으로써 각 가족은 다른 가족들이 자신의 행동에 협력하게 할 가능성을 증가시킬 수 있으며, 그 결과 각 가족이 집단의 이익을 위하여 행동하게 할 유인을 증가시킬 수 있을 것이다. 이를 바탕으로 이제 우리는 다음과 같은 **'이론적 예측'**(theoretical prediction)을 할 수 있다. 즉, 이론적으로 **'매우 작은 집단들은 대체로 집단행동(collective action)을 하기 위하여 집단을 결성할 수 있을 것이다'**라고 예측할 수 있다. 이러한 이론적 예측은 수많은 사회적 · 역사적 관찰 결과들에 의해 확인될 수 있다(이에 대해서는 Olson(1965)[3]을 참고하기 바람).

또한 이러한 예측은 가장 원시적 사회들(primitive societies)에서 나타난 인류학적 관찰 결과들과도 일치한다. 가장 단순한 형태의 수렵 채집과 사냥을 하는 사회들은 대체로 자식들을 포함해서 약 50~100명의 사람들만 있는 **'작은 집단들'**로 구성되어 있다. 다시 말하면, 그러한 작은 집단들은 보통 협력하는 데 필요한 소수의 가족들만으로 구성되어 있다. 인류학자들은 **원시적 부족들**(primitive tribes)이 대개 **'자발적 합의'**(voluntary agreement)에 의해 평화(peace)와 질서(order)를 유지한다는 사실을 발견하였다. 이것은 타

---

3 Olson, Mancur (1965), *The Logic of Collective Action*, Cambridge : Harvard University Press.

키투스(Tacitus, 로마의 역사가, 55?~120?), 카이사르(Caesar, 로마의 장군 · 정치가 · 역사가, B.C. 100~44), 다른 고전 역사가들이 원시적 게르만 민족들에서 목격한 사실이기도 하다. 가장 **원시적 부족들**은 **'합의'**(consensus)에 의해 모든 중요한 집단적 결정들을 내리려 하였다. 많은 원시적 부족들에서는 심지어 추장(酋長)이나 족장(族長)조차 없었다. 어떤 작은 집단이 너무 커지거나 회원들 간의 의견 불일치가 심할 때 그 집단은 분열될 수 있다. 그러나 분열에 의해 만들어진 새로운 집단들은 대개 **'만장일치적 동의'**(unanimous consent)에 의해 결정하였다. 만약 어떤 부족이 수렵 및 채집 단계에 있다면 어느 부족도 다른 부족을 정복하거나 노예로 삼으려는 유인을 거의 또는 전혀 가지지 않을 것이다. 왜냐하면 노예나 포로들은 그들을 보호하는 데 드는 비용을 충당하지 못하거나 그들의 생계 수준 이상의 충분한 잉여를 생산해 내지 못하기 때문이었다[4]. 이제까지의 논의를 바탕으로 우리는 다음과 같은 논리적 추정을 해 볼 수 있다. 즉, **"농경사회 이전의 역사에서 가장 원시적 부족들 내에서 평화적 질서로부**

---

4 [원문 각주 1] Hobhouse, Wheeler & Ginsberg(1930)에 의한 철저한 조사에 따르면 이러한 '민족지학적(民族誌學的) 설명'에 대한 양적 증거들이 있다. 이들에 따르면 대부분의 원시부족들에 대한 서술에서 '노예들'(slaves)에 대한 언급이 사실상 "없음"을 보여주고 있다. 그러나 노예들에 대한 언급은 더 발전된 농경사회들에서 일반적으로 등장하였다(Hobhouse, Wheeler & Ginsberg(1930) 참조). 왜 그런가? 노예제(slavery)는 수렵 및 채집 사회들에서 '이익이 되지 않았기' 때문이다(이에 대해서는 Olson(1967)을 참조하기 바람).

터 발생하는 커다란 이익은 '자발적 합의'(voluntary agreement)에 의해 달성되었을 것이다". 역사적 관찰 결과들에 비추어 볼 때 이러한 논리적 추정은 사실인 것 같다.

다음으로, 일단 사람들이 농작물을 효율적으로 재배하는 방법을 배웠다면 생산이 증가하고, 인구가 늘어나고, 대규모 인구들은 '정부'를 필요로 했다. 위에서 설명했듯이 **'작은' 집단들(small groups)은 그들의 공동이익(common interest)을 위해 합의적(consensual)으로 행동할 것이다.** 이러한 논리는 '대규모' 인구들의 경우에도 성립될 것인가? 그러나 이러한 논리는 '대규모' 인구들이 있을 때에는 성립되지 않을 것이다. 즉, **어떤 사회에 대규모 인구들이 있거나** 이때에 기본적인 공공재들의 공급으로부터 얻는 순이익의 합계가 클 때도 **자발적 집단행동(voluntary collective action)은 평화적 질서나 다른 공공재들로부터 발생하는 이익을 가져다줄 수 '없을' 것이다**[5]. 왜냐하면 대규모 인구들이 거주하는 사회에서는 집단행동이 자발적으로 일어나지 않기 때문이다. 좀 더 구체적으로 이에 대한 주된 이유는 다음과 같다.

---

5 [원문 각주 2] 또한 '소규모' 부족들은 때때로 '연합들'(federations)을 결성할 수 있으며, 그로부터 '자발적 행동'을 통해 집단재를 획득할 수 있는 사람들의 수를 증가시킬 수 있다(이에 대해서는 Olson(1965), pp. 62~63 참조). 일부 가장 초기의 농경사회들이 이러한 특징을 가지고 있었을지도 모른다. 그러나 소규모 집단들의 '수' 자체가 매우 커지면 또다시 '다수' 또는 대규모 문제(large-number problem)가 분명히 나타날 것이고, 그 결과 자발적 집단행동은 일어나지 않을 것이다.

대규모 인구들(예를 들면, 100만 명)을 가진 어떤 사회 내 어느 한 개인은 어떤 집단재(collective goods)로부터 그 사회가 얻는 이익의 약 100만분의 1만큼만 얻을 수 있지만, 집단재를 공급하기 위하여 그가 수행하는 활동들이 수반하는 모든 비용은 자신이 부담해야 할 것이다. 즉, 대규모 인구들이 있는 어떤 사회에서 어느 한 개인은 집단재를 공급하는 데 드는 모든 비용을 자신이 부담하지만, 집단재 공급으로부터 얻는 이익은 아주 일부분만 얻을 수 있다. 그러므로 그는 집단재의 공급에 기여할(즉, 집단적으로 행동할) 유인을 거의 또는 전혀 가지지 않을 것이다. **따라서 대규모 인구들이 거주하는 사회에서는 집단행동이 자발적으로 일어나지 않을 것이다.** 이 점에 관해 현재 수많은 이론적 · 실증적 연구 문헌들이 존재한다. 이러한 문헌들의 대다수는 다음에 주장에 대해 의견일치를 보고 있다. 즉, **'작은' 집단들(small groups)은 대체로 자발적 집단행동(spontaneous collective action)에 참가하지만, '아주 큰' 집단들(very large groups)은 자발적 집단행동(voluntary collective action)을 통해 집단적 목적을 달성할 수 없다**[6].

---

6 [원문 각주 3] 내가 쓴 『집단행동의 논리』에서 제시한 주장(이론)을 확장하고 검증한 많은 문헌들과 새로운 분석들에 대한 인용을 보려면 Hardin(1982)과 Sandler(1992)를 참고하기 바람.

Just as small groups can usually engage in spontaneous collective action, very large groups are not able to achieve collective goals through voluntary collective action.

집단의 형태	공공재	공공재 공급 방식
원시적 부족사회	평화적 질서 제공	자발적 합의
작은 집단들	집단재 공급	자발적 집단행동 가능
아주 큰 집단들	집단재 공급	자발적 집단행동 불가능

주 : 역자가 만든 표임.

따라서 우리는 다음 사실에 전혀 놀랄 필요가 없다. 법과 질서(law and order)로부터 얻는 이익을 획득하기 위하여 **"사회 계약"**(social contracts)이 바람직하다는 것을 주장하는 수많은 연구들이 있다. 그러나 이제까지 어느 연구자도 **사회 내 사람들 간의 '합의(agreement)를 통해' 평화적 질서나 다른 공공재들을 획득한 '대규모' 사회를 결코 찾을 수 없었다. [역자 해설]** 다시 말하면, '대규모' 인구들이 살고 있는 사회에서는 사람들이 자발적으로 집단행동을 하지 않기 때문에 '합의'를 통해 평화적 질서나 다른 공공재들을 공급하지 못할 것이며, 그로 인해 평화적 질서나 다른 공공재들로부터 얻는 이익을 얻지 못할 것이다.

II. '보이지 않는 손'의 첫 번째 축복 : 산적질의 합리성

〈주요 키워드〉

- **산적**(山賊, bandit) : 산속에 근거지를 두고 활동하는 도둑.
- **합리적 정주산적** : 점령지역에 정주해서 도적질을 극대화하려는 산적
- **정부**(政府, government) : 국가의 통치권을 행사하는 기관. 곧 입법 · 행정 · 사법의 세 기관을 포함한 국가의 통치 기구를 총칭함.
- **"폭력적 기업가들"** (violent entrepreneurs)
- **독재자의 "포괄적 이해관계"** : 공공재 공급을 통해 국민들의 소득을 증가시켜서 더 많은 세금을 강탈해오려는 유인을 말함.

이제까지의 설명이 옳다면 역사적으로 '대규모' 사회에서 '무정부'가 지배적이었을 것이다. 역사적으로 왜 인구가 많았던 대부분의 사회(국가)들이 통상적으로 **'무정부(anarchy)'**를 가지지 않아 왔는가? 또는 인류 역사상 왜 대부분의 국가들에서 무정부 상태가 출현하여 지속되지 않아 왔는가? 나는 이 질문에 대한 해답을 쉐리단(Sheridan, 1966)의 책[7]에서 과거 중국 군벌시대의 어떤 **독군(督軍, warlord)** 이야기를 읽으면서 우연히 찾게 되었다. 중국은 혼란기였던

---

7 Sheridan, James E., *Chinese Warlord : The Career of Feng Yu-hsiang*, 1966, Stanford : Stanford University Press.

1920년대에 대부분 여러 독군들의 지배하에 있었다. 당시 중국의 독군들은 몇몇 무장 그룹을 이끄는 장군들로서 어떤 지역을 정복한 후 자신들을 그 지역의 지배자로 칭하였다. 독군들은 정복지역에 거주하는 백성들에게 가혹하게 세금을 징수하고 그들 수익금의 많은 부분을 가로채 갔다. 그러나 **펑위샹**(Feng Yu-hsiang 또는 Feng Yuxing ; **풍옥상(馮玉祥)**, 1882~1948년)이라는 독군은 예외였다. 그는 자신의 군대를 이용하여 백성들이 아닌 다른 산적(도적)들을 진압하였고, 특히 '백랑(白朗)산적'(White Wolf)이라 불리는 **방랑산적(roving bandit)**의 대군을 격퇴시킨 것으로 유명하였다. 그로 인해 펑위샹이 점령한 지역에 살고 있는 대부분의 백성들은 다른 방랑산적들보다 그를 오히려 더 좋아하게 되었다. 왜 백성들은 펑위샹이 산적이었음에도 불구하고 그를 좋아하였는가?

처음에 나는 이것이 하나의 수수께끼처럼 보였다. 왜 점령지역의 백성들은 백랑(白朗)산적과 같은 방랑산적들보다 펑위샹과 같은 **정주산적들(stationary bandits)**을 이끄는 독군을 더 좋아하였는가? 방랑산적들과 정주산적들은 어떻게 다른가? **방랑산적들(roving bandits)**은 어느 지역을 점령하여 도적질한 후에 곧 그 지역을 떠나지만, **정주산적들(stationary bandits)**은 점령한 지역에 계속 머무르며 점령지역의 백성들로부터 계속적으로 빼앗아간다. 두 산적집단은 모두 합법적이지 않은 행위를 하였으며 단지 도적질 방법만 달랐다. 정주산적의 도둑질과 방랑산적의 도둑질은 다음과 같이 달랐다. 방랑산적들은 때때로 나타나서 약탈해갔지만, 정주산적들은 점령지역에 계속 머무르며 지속적인 세금 징수를 통해 빼앗아갔다.

점령지역의 백성들은 방랑산적들보다 왜 정주산적들을 더 좋아하는가? 실제로 어떤 방랑산적이 합리적으로 점령지역에 정주해서 '정기적 세금'(regular taxation)의 형태로 빼앗아가고, 동시에 자신의 점령지역에서 도적질(강탈)을 독점한다면 그 지역의 백성들은 그러한 상황에서도 — 즉, 정주산적들이 강제로 세금을 징수해가는 상황에서도 — **'생산하려는 유인'**을 가질 것이다. 이것은 분명히 방랑산적이 지배하는 경우와 다른 점이다.(**[역자 해설]** 효용 극대화를 추구하는 '합리적 소비자'나 이윤 극대화를 추구하는 '합리적 생산자'처럼 **'점령지역에 정주해서 도적질을 극대화하려는 산적'**을 올슨은 **"합리적 정주산적"**(rational stationary bandit)이라고 명명했다). 이때 합리적 정주산적은 백성들로부터 얼마만큼을 세금으로 빼앗아가는가? 방랑산적과 달리 '합리적' 정주산적은 백성들로부터 소득의 '일부'만을 세금으로 빼앗아간다. 왜냐하면 정주산적이 백성들에게 자신의 세금 징수 대상인 '소득을 산출하기 위한 유인'을 준다면 그는 백성들로부터 더 많은 총 소득액을 징수해갈 수 있기 때문이다.

또한 그 정주산적이 자신의 점령지역에서 성공적으로 **도둑질(강탈)을 독점한다면** 그 지역의 백성들은 다른 산적들에 의한 도둑질(강탈)에 대해 걱정할 필요가 없을 것이다. 합리적 정주산적이 백성들로부터 '**정기적 세금**'으로만 빼앗아간다면 점령지역의 백성들은 세금을 납부하고 얼마의 생산량(소득)이 남든 이것을 자신이 소유할 수 있다는 것을 알게 된다. 이로 인해 백성들은 '생산하려는(즉, 소득을 산출하려는) 유인'을 가지게 된다. 또한 **합리적 정주산적**은 점령지역에 살고 있는 모든 백성들이 세금 징수의 원천이기 때문에 그 역시 점령지역의 **'백성들을 보호하려는 유인'** — 즉, 살인하지 않거나 상해를 입히지 않으려는 유인 — 을 가진다(그래야만 백성들의 생산량과 소득이 증가할 것이다). 이를 **'도적질의 합리적 독점'**(rational monopolization of theft)이라 부른다. 이는 **방랑도적들**에 의한 '**비협력적이고 경쟁적인 도적질**'(uncoordinated competitive theft)과 대비된다. 도적질의 합리적 독점은 무엇을 의미하는가? 정주산적들의 '도적질(강탈)의 '**합리적 독점**'으로 그 희생자들인 점령지역의 백성들은 세금 납부 후 남는 소득으로 그들이 축적하는 자본을 자신이 소유할 수 있을 것이라고 여긴다. 이에 백성들은 축적된 자본으로 '**저축하고 투자하려는 유인**'도 가질 것이다. 그 결과 그들의 미래 소득과 세금 납부액(그로 인한 정주산적의 세금 징수액)도 증가시킬 수 있을 것이다. 이제까지 우리는 정주산적에 의한 '도적질의 독점'과 '백성들의 보호'에 관해 논의하였다. 따라서 정주도적에 의한 (i) **도적질의 독점**(monopolization of theft)과 (ii) 세금 부과 대상인(tax-generating)

백성들의 보호(protection)는 점령지역에서 '**무정부**'(anarchy)를 없애준다. 즉, 정주산적은 도적질을 독점하고 백성들을 보호함으로써 점령지역을 '안정화'시킨다. 또한 정주산적의 군벌이 '**세금 강탈**'(tax theft ; 정기적 세금 징수)의 형태로 총 생산물(소득)의 '일부'만을 빼앗아가기 때문에 남은 생산물(소득)을 가지고 백성들은 법과 질서 이외의 다른 공공재들의 공급이 자신들의 과세 소득(taxable income)을 크게 증가시킨다면 정주산적에게 기꺼이 공공재 공급의 대가를 지불하려 할 것이다.

방랑산적의 도둑질	정주산적의 도둑질
비협력적이고 경쟁적인 도적질(강탈) (uncoordinated and competitive theft)	합리적이고 독점적 도둑질(강탈) (rational and monopolized theft)

주 : 역자가 만든 표임.

정주산적의 행위	점령지역 백성들의 행위
– 합리적으로 정주하기로 결정함. – **합리적 독점** : 점령지역의 백성들을 보호해주면서 도둑질(강탈)을 독점함.	– 생산하려는 유인을 가짐. – 저축하고 투자하려는 유인을 가짐.
– 점령지역에 '법과 질서'를 제공하고 정기적으로 세금을 강탈해 감. – 점령지역에서 '무정부 상태'가 없어지고 점령지역이 안정화됨.	– 법과 질서 유지와 다른 공공재들의 공급 대가로 세금을 지불함.

주 : 역자가 만든 표임.

반면에 **방랑산적**(roving banditry)의 세계에서는 어느 백성도 산적들에 의해 강탈당할 수 있는 어떤 것을 생산하거나 축적할 유인을 거의 또는 전혀 가지지 않을 것이다. 그 결과 방랑산적들은 백성들로부터 빼앗아갈 것이 거의 없게 된다. 따라서 **'산적행위의 합리성'**(bandit rationality)**은 산적 두목(군벌)이 어떤 지역을 점령하고, 그 지역의 지배자로 선포하고, 점령지역의 백성들에게 평화적 질서**(peaceful order)**와 다른 공공재들을 제공하도록 한다**는 것을 의미한다. 그 결과 그는 **방랑적 강탈**(방랑 도적질)로부터 얻을 수 있는 것보다 정기적 세금 강탈(tax theft ; 또는 정주적 강탈 또는 정주도적질)로 '더 많은 것'을 얻는다.

> Bandit rationality induces the bandit leader to seize a given domain, to make himself the ruler of that domain, and to provide a peaceful order and other public goods for its inhabitants, thereby obtaining more in tax theft than he could have obtained from migratory plunder.

이로서 우리는 **"보이지 않는 손의 첫 번째 축복"**(the first blessing

of the invisible hand)에 이르게 된다[8]. 즉, **방랑산적단의 합리적이고 이기적인 두목(군벌)은 마치 '보이지 않는 손'에 이끌려 점령지역에 정주해서 왕관을 쓰고(즉, 자신을 왕이라고 선포하고) 무정부(無政府)를 '정부'[9](government)로 대체한다.**

The rational, self-interested leader of a band of roving bandits is led, as though by an invisible hand, to settle down, wear a crown, and replace anarchy with government.

합리적 정주산적은 왜 정부를 수립하는가? 정주산적은 정부 수립 – '평화적 질서와 다른 공공재들의 공급' – 으로부터 발생하는 산출량(소득)의 커다란 증가로 인해 정부를 수립하지 않고(즉, 방랑도적질(무정부)을 통해) 얻을 수 있는 것보다 훨씬 더 많은 양을 빼앗

8 [역주] 애덤 스미스(Adam Smith)의 **'보이지 않는 손'**은 **"우리가 맛있는 저녁식사를 할 수 있는 것은 정육점 주인이나 양조업자 또는 빵집 주인의 '자비심'(benevolence) 때문이 아니라 '그들 자신의 이익'에 대한 그들의 관심 때문이다. 따라서 우리가 맛있는 저녁식사를 하려면 그들의 자비심(humanity)이 아니라 그들의 이기심(self-love)에 호소해야 하며, 우리 자신의 필요성이 아니라 그들의 이익에 호소해야 한다"**. (『읽기 쉬운 국부론 요약』, 이성규, 율곡출판사, 2015년)

9 [역주] 국가의 통치권을 행사하는 기관. 곧 입법 · 행정 · 사법의 세 기관을 포함한 국가의 통치 기구를 총칭함.

아갈 수 있다.

그러면 '정부'는 어떻게 출현하는가? 소규모 부족들보다 더 큰 집단들을 위해 수립되는 정부(government)는 '정주산적'의 경우처럼 자신의 '합리적 사익 추구'를 위해 출현한다. 즉, 대개 정부는 어떤 유형의 사회 계약(social contracts)이나 자발적 계약(voluntary transactions) 때문이 아니라 **폭력**(violence)을 최대한 사용할 수 있는 사람들에 의한 '**합리적 사익 추구**'(rational self-interest) 때문에 출현한다. 물론 이러한 **"폭력적 기업가들"**[10]**(violent entrepreneurs)**은 자신을 '산적'(bandit)이라고 부르지 않는다. 오히려 이들은 자신들과 자신의 후손들에게 산적 대신에 '고귀한 칭호' — 예를 들면, 황제나 왕, 군주 등 — 를 부여한다. 심지어 이들은 때때로 자신들의 통치를 '신권(神權 ; 신이 준 권리)에 의한 지배'(rule by divine right)라고까지 주장한다. 역사는 승자들에 의해 기록되기 때문에 지배 왕조들(ruling dynasties)의 기원(출현)은 관례적으로 그들의 '사익 추구'(self interest)라기보다는 '고상한 목적' — **[역주]** 예를 들면, 하늘(천지신명)에 의해 또는 백성들을 구제하기 위해 나라를 세웠다 — 에 의해 설명된다. 모든 종류의 **전제군주들**은 대개 '자신의 백성들이 자신들을 지배해주기를 원했으며, 그에 따라 백성들의 자발적 선택에 의해 정부

---

10 [역주] '폭력적 기업가들'(violent entrepreneurs)이란 폭력을 사용하여 합리적으로 사익을 추구하는 사람들('폭력적 사익 추구자들')을 의미함. 이는 곧 산적들을 말함.

가 출현했다'고 주장하곤 하지만 이는 역사적 사실에 맞지 않는 것이다. (이러한 주장들은 "거래비용"(transactions costs) 전통의 일부 문헌들에서도 나타난다. 거래비용 관련 문헌들은 자발적 계약들(voluntary contracts)과 이들과 관련된 거래비용들을 통해 '어떻게 다양한 유형의 정부가 출현하였는지'를 부분적으로 또는 전적으로 설명하려 한다. 이에 관해서는 Barzel(1991), Kiser & Barzel(1991), North(1981), North & Thomas(1973) 등을 참고하기 바람[11].)

어느 한 국가에서 독재적 지배력을 가진 한 사람(전제군주나 독재자)이 있다면 그는 세금의 강제 징수뿐만 아니라 그 국가에 공공재(public goods)를 공급하려 할 것이다. 이 주장은 우리의 직관에 반하는 것처럼 들린다. 독재자는 강제적 세금을 통해 국민들을 강탈하는 데에만 그치지 않고 왜 자신이 지배하는 국가에 공공재를 공급하려 하는가? 왜냐하면 그는 그 국가에 **"포괄적 이해관계"(encompassing interest)**을 가지고 있기 때문이다[12]. '합리적 정주산적'인 독재자의

---

11 [원문 각주 4] 이러한 문헌들은 매우 유용하고 흥미롭다. 그러나 '자발적 거래'(voluntary transactions)에 의해 정부(government)를 설명하려고 하는 한 그것은 설득력을 잃게 된다. 특히 노스(North)는 거래비용(transaction costs)과 계약을 강조하면서 "약탈 국가"(predatory state)라는 개념을 사용하였고, 국가에 대한 자신의 설명에서 '집단행동의 논리'를 간단히 언급하였다. 따라서 노스의 이러한 접근은 바젤(Barzel)의 접근과 구별되어야 한다.

12 [원문 각주 5] 여기서 "포괄적 이해관계"(encompassing interest)에 대한 정의와 그 중요성에 대한 증거를 보려면 Olson(1982)을 참고하기 바람. 무엇보다도 '포괄적 집단들'

목표는 기존의 국민소득으로부터 세금 강탈을 극대화할 뿐만 아니라 **'국민소득을 증가시켜' 더 많이 강탈해**오려고 한다. 즉, 독재자(정주산적)는 강탈 대상인 **'국민소득을 증가시키려는 유인'**도 함께 가진다. 먼저, 독재자의 포괄적 이해관계의 크기는 어느 정도인가? 공무원, 정당, 이익집단, 군주, 또는 사회의 다른 부분 또는 전체 "소유자" 등이 가지는 '포괄적 이해관계'의 크기는 그 사회에서 이들이 가지는 이해관계(stake)의 크기에 따라 다르다. 어떤 단체나 개인이 어느 한 사회에서 가지고 있는 이해관계가 더 크거나 더 포괄적일수록 그 집단이나 개인이 그 사회를 위해 공공재를 공급하려는 유인도 더 크다. 어떤 전제군주(독재자)가 자신의 지배지역에서 발생한 소득 증가의 (예를 들어) 3분의 1을 '세금 징수 증가'로 빼앗아온다면 이는 그가 자신이 공급한 공공재로부터 발생하는 이익(소득 증가)의 3분의 1을 빼앗아오는 것과 같을 것이다. **일반적으로 말하면, 전제군주는 '포괄적 이해관계'를 가진 자신의 국가(사회)에 공공재를 공급함으로써 국민들의 소득이 증가한다면 이로부터 더 많은 세금을 추가적으로 빼앗아올 수 있다. [역자 해설] 이를 올슨은 '독재자의 포괄적 이해관계'라**

은 '사회를 위한 결과'에 관계하지만 '협소한 집단들'(narrow groups)은 사회를 위한 결과와 무관할 것이다. 이러한 이론의 논리적 구조는 '소규모 집단들(small groups)은 자발적 집단행동에 참가할 수 있지만, 대규모 집단들(large groups)은 자발적 집단행동에 참가할 수 없다'는 논리와 동일하다.

불렀다. 다음으로, 전제군주(독재자)는 세금 징수의 대가로 어느 정도의(또는 얼마의) 공공재를 공급하려 하는가? 전제군주는 자신의 공공재 지출의 마지막 단위로부터 국민소득이 세금 징수액(여기서는 3분의 1)의 '역수'(즉, 3)만큼 증가할 때까지 공공재를 공급하려 할 것이다. 즉, 전제군주는 공공재 지출로 국민들의 소득이 3만큼 증가하면 이 중에서 3분의 1만큼을 세금으로 빼앗아올 것이다. 일반적으로 독재자는 세금 징수액(예 : 소득의 3분의 1)의 '역수'만큼 공공재를 공급하려 한다. 또한 전제군주의 공공재에 대한 지출 증가로부터 전제군주 '자신의 이익'뿐만 아니라 당해 '사회'의 소득과 후생도 분명히 더 커질 것이다. 그러나 '합리적 사익 추구자'인 전제군주(독재자)가 공급하는 공공재부터 당해 '사회'가 얻는 이익은 종종 엄청나게 크다. 예를 들어, '폭력적 무정부'(violent anarchy)를 최소한의 공공질서(public order)를 제공하는 '정부'로 대체함으로써 생기는 이익을 고려해 보라. 이때 그러한 공공재 공급으로부터 당해 '사회'가 얻는 이익은 엄청나게 클 것이다.

〈요약〉

- **독재자** : 자신의 사익 추구 + 포괄적 이해관계 추구
- **독재자** : 지배사회에 '포괄적 이해관계'를 가지며, 이로부터 '공공재를 공급할 유인'을 가지며, 그 결과 '세금 징수'를 증가시킬 수 있다.
- **포괄적 이해관계 추구** : 공공재 공급을 통해 국민소득을 증가시켜 더 많은 세금을 빼앗아오려 함.
- **독재자의 공공재 공급 수준** : 세금 징수액의 '역수' 만큼 공공재를 공급하려 함. 예) 세금 징수액이 1/3이라면 공공재 공급량은 그 역수인 3임.

전제군주(독재자)가 가지는 '포괄적 이해관계'의 효과는 실제로 어떤가? 우리는 **역사를 통해 세금 징수 독재자(전제군주)의 포괄적 이해관계가 '문명 세계의 커다란 발전'을 가능케 했다**는 사실을 알 수 있다.

The encompassing interest of the tax-collecting autocrat permits a considerable development of civilization.

우선, 정착 농업의 제1차 발전 시기 직후부터 프랑스 대혁명[13] 시기에 이를 때까지 압도적 다수의 인류가 전제정치[14](autocracy)와 세금 강탈(tax theft)의 지배하에 예속되어 있었다. 또한 비교적 최근 시대까지도 우리의 역사는 때때로 방랑산적의 지배도 있었지만 대부분은 **'정주산적'의 지배 하에서 문명 세계의 점진적인 진보**가 있어왔음을 보여주고 있다. 또한 사르곤[15](Sargon)의 정복이 아카드[16](Akkad) 제국을 탄생시킨 시기 무렵부터 프랑스 루이 16세(Louis XVI)와 볼테르(Voltaire ; 1694~1778년 ; 프랑스의 철학자 및 문학자) 시기에 이르기까지 대부분 **정주산적(stationary bandit)의 지배 하**에서 **문명 세계의 놀라운 발전**이 일어났다[17]. 이제까지 살펴보았듯이 역사적으로

---

13 [역주] 1789년 프랑스에서 부르봉 왕조의 절대주의적인 구제도를 타파하고 근대 시민사회를 이룩한 시민 혁명을 말함.

14 [역주] '전제정치'란 국가의 권력이 특정인에 집중되어 국민의 의사나 법률상의 제약을 받지 않고 운용되는 정치를 말함.

15 [역주] '사르곤'(Sargon)이란 B.C. 24~23세기에 활동한 고대 메소포타미아의 군주를 말하며, 별칭으로 '아카드의 사르곤'(Sargon of Akkad)이라 불림.

16 [역주] '아카드'(Akkad)란 B.C. 2800~1100에 번영하였던 고대 바빌로니아 왕국을 말함.

17 [원문 각주 6] 심지어 유사(有史)시대에 있었던 문명사회의 많은 놀라운 진보들이 '다소 민주적'(somewhat democratic)이거나 '비(非)독재적인'(nondictatorial) 사회들에서도 일어났다. 그러한 사회들로 고대 아테네, 로마 공화국, 북부 이탈리아의 도시국가들, 17세기 네덜란드, 그리고 1689년 이후 영국 등을 들 수 있다. 또한 인류 진보에서 비(非)전제적 국가들의 불균등 대표(nonproportionate representation)에 대한 설명은 본 논문에서 나중에 구체적으로 언급될 것이다.

전제군주와 정주산적의 지배 하에서 '문명 세계의 발전'이 있어왔으며, 이는 전제군주(독재자)와 정주산적의 국가(사회)에 대한 **'포괄적 이해관계'**에 그 기반을 두고 있다. 전제군주(독재자)는 자신의 지배국가에 공공재 공급을 통해 국민들의 소득을 증가시켜 더 많은 세금을 징수해가려는 유인을 가지고 있다.

Ⅲ. '최대한 빼앗아오는 손'(the grasping hand)

〈주요 키워드〉

- **정주산적** = 전제군주 = 합리적 사익 추구자

우리는 제I장에서 어떤 마을의 군주제 지지자가 제시해주는 '통찰력'에 대해 살펴보았고, 제Ⅱ장에서는 정주산적과 전제군주(독재자)의 '합리적 사익 추구 행위'와 '포괄적 이해관계'에 대해 살펴보았다. 이들은 '민주주의'와 어떤 관련이 있는가? 이제 우리는 어떤 마을의 군주제 지지자의 놀라운 통찰력과 정주산적과 전제군주의 합리적 행위를 '민주주의 옹호론'과 일치시킬 수 있다. 앞에서 어떤 마을 군주제 지지자가 '집 한 채'를 대상으로 절대 지배자를 어느 한 집 주인에 비유했다면 그것은 옳을지도 모른다. 어느 한 집의 주인은 집에 수리가 필요하면 자신이 고치려 할 것이며, 마찬가지로 절대 지배자(absolute ruler)도 자신이 살고 있는 집에 수리할 것이 있으면 고치려 할 것이기 때문이다. 즉, 집 주인이나 절대 지배자 모두 집수리가 필요하면 그것을 고치려는 똑같은 유인을 가진다. 그러나 어떤 마을의 군주제 지지자의 이러한 유추는 매우 '잘못된' 것이다. 문제는 '집 한 채'가 아니기 때문이다. 전제군주(독재자)는 어느 한 집의 주인 또는 심지어 모든 주택의 주인에 비유될 지위가 아니다. 오히

려 전제군주(독재자)는 한 채의 집이 아니라 어느 한 국가가 가지고 있는 유형의 물적 재산과 인적 재산을 포함한 **모든 재산(all wealth)의 소유자**에 비유될 수 있다. 이러한 이유로 **전제군주(독재자)는 자신의 지배국가에 있는 모든 사람(everyone)과 모든 것(everything)의 생산능력(즉, '포괄적 이해관계')을 유지하고 증가시키려는 유인([역주] 즉, 포괄적 이해관계를 추구하려는 유인)을 가지고 있으며,** 그로 인해 국민들은 이익을 얻을 것이다. 그러나 동시에 **전제군주(독재자)는 독점 지대(monopoly rent)를 부과하고,** 인간의 노동을 포함하여 **모든 것(everything)에 대해 독점 부과금(monopoly charge)을 징수하려는 유인을 가지고 있다.** 이것이 어떻게 가능한가?

〈역자 요약〉

전제군주(독재자)는 (1) 자신의 지배국가에 있는 모든 사람(everyone)과 모든 것(everything)의 생산능력(즉, '포괄적 이익')을 유지하고 증가시키려는 유인과 (2) 독점 지대(monopoly rent)를 부과하며, 이를 바탕으로 모든 것(everything)에 대해 독점 부과금을 징수하려는 유인을 동시에 가지고 있다.

다시 말하면, **전제적 지배자(autocratic ruler ; 전제군주)는 사회 전체로부터 최대 잉여(maximum surplus)를 빼앗아 이것을 '자신의 목**

적'을 위해 사용하려는 유인을 가지고 있다. 앞에서 설명했듯이 **방랑산적의 '합리적 사익 추구'(rational self-interest)는 어느 한 방랑산적을 점령지역에 정주케 하고, 그의 백성들을 위해 평화적 질서를 제공하고 정부(government)를 수립케 한다**(**[역주]** 이는 **정주산적의 '보이지 않는 손'**을 의미한다). 또한 **방랑산적의 합리적 사익 추구는 그 방랑산적이 사회로부터 최대 금액을 뽑아내어, 이를 '자신을 위해' 사용케 한다**(**[역주]** 이는 **정주산적의 '최대한 빼앗아오는 손'**을 의미함). 이것은 어떻게 가능한가? **전제적 지배자는 세금과 다른 강제 징수금을 통해 사회로부터 최대한 빼앗아오기 위하여 '강제력의 독점'(monopoly of coercive power)이라는 수단을 사용할 것이다.**

또한 **전제적 지배자의 '소비'**는 어떤가? 전제적 지배자의 소비는 의식주에 사용할 자신의 개인적 능력(소득이나 재산)에 제한을 받지 않는다. 전제적 지배자는 무제한적으로 소비할 수 있다. 예를 들면, 고대 이집트의 피라미드, 프랑스의 베르사유 궁전(베르사유에 있는 루이 14세가 지은 대규모 궁전), 인도의 타지마할 사원(인도 아그라(Agra) 지역에 있는 흰 대리석 영묘(靈廟)), 심지어 필리핀의 이멜다 마르코스 영부인이 가진 3천 켤레의 구두 등은 개인적으로 보면 매우 사치스럽지만 전제적 지배자들의 엄청난 사회적 지출은 자신의 소비 욕구가 아니라 대개 군사력, 국제 위신, 영토 확장 등의 욕구로부터 이루어진다. 예를 들어, 구소련(Soviet Union)에서 독재자들의 선호 — 미국과의 군비경쟁에서 승리하려는 욕구 — 를 만족시키는 데 사용된 금액은 당시 소련의 총생산물에서 큰 비중을 차지하였다[18].

일부 연구자들은 **"약탈 국가"**(predatory state)라는 비유를 쓰곤 한다. 그러나 이러한 비유는 심지어 전제정치의 경우에도 '잘못된' 것이다. 위에서 살펴보았듯이 **어느 한 정주산적은 자신이 지배하는 점령지역에 '포괄적 이해관계(encompassing interest)'를 가지고 있으며, 그에 따라 점령지역에 국내 질서와 다른 공공재들을 제공해준다.** 따라서 정주산적은 사슴을 잡아먹으려는 '이리'가 아니라 오히려 자신의 가축을 보호하고 물을 주는 '목장 주인'에 가깝다. '약탈'이라는 비유는 무정부 상태에 비해 정주산적의 두드러진 우월성과 그로부터 초래된 문명 세계의 진보를 무색하게 한다. 약탈이라는 비유는 정주산적에 전혀 어울리지 않는 말이다. 왜 그런가? 이미 설명했듯

---

18 [원문 각주 7] 여기에서 내가 제시한 이론은 다른 유형의 정치체제뿐만 아니라 '공산주의 전제정치'(communist autocracy)에도 적용할 수 있다. 그러나 이 경우 나의 이론은 스탈린(Joseph Stalin ; 구소련의 정치가 및 공산당 서기장, 1879~1953년)이 제창한 "암묵적 조세-가격 차별화"(implicit tax-price discrimination)를 고려하기 위하여 더욱 다듬어질 필요가 있다. 암묵적 조세-가격 차별화이라는 이러한 '혁신'으로 인하여 스탈린주의 정권은 어떤 다른 정권들이 할 수 있었던 것보다 사회적 산출물의 더 많은 비중을 자신의 목적을 위하여 획득할 수 있었다. 또한 스탈린의 암묵적 조세-가격 차별화는 구소련을 초강대국으로 만든 '스탈린의 성공'과 많은 공산주의 정권들의 '막강한 군사적 능력'을 설명하는 데 유용하다. 본 논문에서 내가 제시한 이론이 '공산주의 전제정치'와 '과도기에 있는 사회들'에게 어떻게 적용되는지를 보려면 Clague & Rausser(1992, 서문 및 Chap. 4), Murrell & Olson(1991), Olson(1993) 등을 참고하기 바람.

이 **정주산적은 (1) 점령지역에 공공재를 공급하려는 유인과 (2) '자신을 위해' 사회 전체로부터 최대 순 잉여를 뽑아내려는 유인을 동시에 가지고 있다.** 그러므로 정주산적의 이러한 '상반되는' 유인을 동시에 고려치 않는다면 '전제국가'(autocratic state)에 대한 어떠한 비유(예를 들면, 약탈 국가)나 모형도 옳지 못할 것이다.

역사적으로 정주산적이 취해온 형태는 다양했을지라도 문제의 본질은 동일했다. 즉, 전제군주(독재자)는 자신의 모든 수입액을 '명시적 세금 징수'의 형태로 거두어들였다는 점이다. 합리적 전제군주는 세금 징수로부터 빼앗은 재원(금액)의 일부를 공공재에 충당하겠지만 공공재 공급에 필요한 세율보다 '훨씬 더 높은' 세율을 부과할 것이다. 왜냐하면 그는 **공공재 공급**에서뿐만 아니라 **자신의 순 잉여를 극대화하는 데에도** 세수(稅收)를 사용하기 때문이다(위에서 설명했듯이 합리적 전제군주는 두 가지 상반된 유인을 가지고 있기 때문이다). 공공재 공급 수준과 세율이 사회의 소득과 세수에 미치는 영향은 다음과 같다. 우선, 주어진 세율 하에서 공공재 공급 수준이 높을수록 그 사회의 소득이 증가하고 그로 인해 주어진 세율로부터 징수하는 세수도 증가할 것이다. 다음으로, 주어진 공공재 공급 수준 하에서 세율이 높을수록 그 사회의 소득은 감소될 것이다. 왜냐하면 세금은 사람들의 유인을 변화시키기 때문이다.

그러면 합리적으로 사익을 추구하는 **전제군주('합리적 사익 추구**

자')는 세율과 공공재 공급 수준을 어떻게 결정하는가? 우선, 전제군주의 공공재 지출 수준이 어떤 수준에 주어져 있다고 가정하자. 이븐 할둔(Ibn Kalduhn, 1375년)이 오래 전에 인식했을 뿐만 아니라 나중에 슘페터(J. Schumpeter, 1918년)가 명쾌하게 지적했듯이[19] 만약 낮은 세율에서 시작한다면 세율이 증가함에 따라 조세 수입(세수)도 증가할 것이다. 그러나 (세율이 점점 증가하여) 세수를 극대화하는 세율에 도달한 이후에는 세율이 증가하면 사람들의 유인을 변화시켜 소득을 크게 감소시키며, 그 결과 세수도 감소할 것이다(**[역자 해설]** 세율과 세수(稅收) 간의 이러한 관계는 현대에 이르러 소위 '래퍼 곡

정주산적의 합리적 사익 추구 행위 : '두 개의 손'

'보이지 않는 손' (the invisible hand)	'최대한 빼앗아오는 손' (the grasping hand)
어느 한 방랑산적(roving bandit)을 점령지역에 정주케 하고, 그의 백성들을 위해 평화적 질서와 공공재를 제공하고 정부(government)를 수립케 함.	정주한 방랑산적이 점령지역으로부터 '최대 금액'을 빼앗아서 이를 '자신을 위해' 사용케 함.

주 : 역자가 만든 표임.

19 [원문 각주 8] 슘페터(Schumpeter)의 분석은 자신이 쓴 "조세국가의 위기"라는 논문(1918년)에서 이루어진 것이다. 당시 슘페터는 제 차 세계 대전 말에 세금이 매우 높게 부과된 오스트리아 헝가리 제국(유럽 중부에 있었던 연합 왕국, 1867~1918년)을 대상으로 분석하였다. 또한 이븐 할둔(Ibn Kalduhn, 1332~1406년)은 자신의 고전적 명저인 The Mugaddimah(1375)에서 이를 언급하였다(**[역주]** 원문에서는 'The Mugaddimah'로 표현되어 있으나 이는 "The Muqaddimah"('무카디마'라그 발음하며 『역사서설』 이라는 뜻임)가 옳은 표현임).

선'(Laffer curve)으로 나타낼 수 있다). 따라서 **합리적 사익 추구자인 전제군주는 "세수를 극대화하는" 세율(revenue-maximizing tax rate)을 선택할 것이다.**

어떤 세율 수준에서 징수되는 세수는 공공재 공급 수준에 따라 다를 것이다. 그러나 전제군주의 '세수를 극대화하는' **세율**(tax rate)은 공공재 공급 수준과 무관할 것이다. 왜 그런가? 전제군주의 최적 세율은 자신이 사회에서 가지는 포괄적 이해관계의 크기를 결정한다. 세수를 극대화하는 **전제군주의 "최적"(optimal) 세율**은 정확히 전제군주가 지배하는 사회에서 전제군주의 이해관계가 '얼마나 포괄적인지'를 결정해준다. 다시 말하면, 최적 세율은 국민소득의 증가로부터 전제군주가 '얼마나 빼앗아올지'(즉, 국민소득의 증가에서 자신이 빼앗아오는 비중)를 결정한다. 그런 다음에 전제군주는 이 금액을 공공재 지출에 사용할 것이다. 이때 전제군주는 공공재 지출에 얼마의 금액을 쓰는가? 전제군주는 자신이 공공재에 지출하는 마지막 1달러(즉, 공공재에 대한 한계 지출)가 국민소득으로부터 자신이 가져오는 **비중**(share)을 1달러 증가시킬 때까지 공공재 지출에 돈을 쓸 것이다. 이미 설명했듯이 이때에 사회가 얻는 이익(즉, 국민소득 증가)은 전제군주가 가져가는 소득 비중의 '**역수**'만큼이 될 것이다.

이러한 상황에서 전제군주의 국민들은 분명히 '무정부' 하에 있을 때보다는 더 나을 것이지만, 이제 그들은 매우 높은 세금과 다른 부과금들을 내야만 할 것이다. 여기서 세금이 더 인상된다면 국민소득이 크게 감소하여 국민들뿐만 아니라 전제군주조차도 더 나빠질 것이다. 왜 그런가? 세수 감소로 인한 국민소득의 감소로 전제군주가 가져가는 비중도 더 작아지기 때문이다.

역사적으로 전제군주들이 '자신의' 정치적 · 군사적 목적을 위하여 세수를 최대로 징수하였던 사례가 없었던 것은 아니다. 서구 역사에서 최대의 전제국가 경우를 고려해 보자. 예를 들면, 프랑스의 부르봉 왕가(Bourbon)의 왕들은 (특히 프랑스 혁명(1789~1799년) 직전에) 그들이 할 수 있는 모든 것을 세금으로 징수하였다. 또한 스페인의 합스부르크 왕가(Hapsburg, 1273~1918년)의 왕들도 그러했다. 마지막으로, 로마 제국도 마침내 세율을 '세수를 극대화하는' 수준까지 인상하였다.

Ⅳ. 독재제와 민주제의 포괄성 비교 : '포괄적' 대 '더 포괄적' 이해관계

〈주요 키워드〉

- **'더 큰 포괄적' 이해관계**(more encompassing interest)
- **민주적 다수** : 포괄적 이해관계 + 더 큰 포괄적 이해관계
- **역수의 법칙**(reciprocal rule)
- **포괄적 이익집단**(an encompassing interest)

우리는 합리적 사익 추구자인 전제군주(독재자)에 의해 수립된 정부(government)인 **독재제(獨裁制, dictatorship)**와 **민주제(民主制, democracy)**를 어떻게 비교하는가? 민주제는 사회마다 매우 다르기 때문에 하나의 결론이 모든 경우를 포괄할 수 없다. 그럼에도 불구하고 먼저 가장 단순한 민주적 상황들 중에서 하나의 경우를 고려해 봄으로써 많은 '실용적인 통찰력'을 얻을 수 있다. 이를 위해 다음과 같은 **'민주적 상황'**을 고려해 보자. 이제 한 사람의 전제군주가 아니라 **(i) 두 명의 후보자가 대통령 선거에 입후보하거나 (ii) 집권을 목적으로 두 정당이 경쟁하는 상황**을 가정해 보자. 이러한 단순한 가정은 '민주제의 성과'를 보여주는 데 유용할 것이다. 왜냐하면 이 가정 — 두 후보자나 두 정당이 경쟁하는 상황 — 은 무엇보다도 **민주제가 "포괄적" 이해관계("encompassing" interest)를 갖도록** 해주기

때문이다. 이는 마치 정주산적이 점령지역에 공공재를 공급하려면 먼저 그 지역에 포괄적 이해관계를 가져야 한다는 것과 같다. 앞에서 설명했듯이 정주산적은 점령지역에 대해 "포괄적" 이해관계를 가지기 때문에 그 지역에 공공재를 공급한다. 마찬가지로 **민주제(民主制)도 사회에 대해 "포괄적" 이해관계를 가지며, 이로 인해 공공재를 공급하려** 할 것이다. 또한 우리는 나중에 이와 반대되는 가정도 고려해 볼 것이다. 그러나 우리는 포괄적 이해관계라는 동기보다 '더 나은 동기' ― **[역주]** 예를 들면, 국민의 권리 평등 ― 를 가정함으로써 민주제에게 부당한 혜택을 주지는 않을 것이다. 따라서 우리는 **민주적 정치지도자들(democratic political leaders)도 정주산적처럼 합리적 사익 추구자들이며, 다수의 지지(majority support)를 얻기 위하여 모든 수단을 사용할 것**이라고 공평하게 가정하기로 한다.

두 정당이 경쟁하는 민주제 하에서 현직 의원들은 **"여러분은 이렇게 좋은 적이 없었다"**(you've-never-had-it-so-good ; **"이보다 더 좋을 순 없다"**)라면서 자신의 업적을 자랑하려 할 것이다. 만일 어느 한 현직 의원이 사익을 추구하는 전제군주처럼 '그 자신을 위해' 사회로부터 최대의 순 잉여를 가져가려 한다면 그는 분명히 그러한 업적을 자랑하지 않을 것이다. 그러나 집권당이나 현직 대통령이 (자신이 아니라) '유권자 전체'를 부유하게 함으로써 자신의 재선(再選) 기회를 극대화할 것이라고 가정한다면 우리는 민주제를 찬

성할 것이다.

어느 한 후보자는 선거에서 승리하기 위하여 단지 다수(majority, 과반수)의 지지가 필요하며, 이를 위해 그는 전체 인구로부터 표(票)를 줄 만한 "다수"로 소득을 이전(재분배)함으로써 다수의 지지를 "살"(buy, 얻을) 수 있을 것이다. 그러나 민주제 하에서도 소득을 이전(재분배)하는 데 세금이 필요하며, 주지하듯이 세금은 사람들의 유인을 변화시키고 사회의 산출물(생산량)을 감소시킬 것이다. 이는 전제군주가 강제적 세금 징수를 통해 소득을 사회 전체로부터 '자신에게' 재분배(이전)할 때 발생하는 것과 같다. 이제 민주제 하에서 후보자들의 '표를 사기(얻기) 위한 경쟁'에서 소득재분배(이전)를 위한 세금 부과로 사람들의 유인은 어떻게 변화하는가? 이와 관련하여 다음 질문을 제기해 보기로 하자. 민주제 하에서 표를 사기 위한 이러한 경쟁은 소득재분배(이전)를 위한 세금 부과에 의해 합리적 전제정치(autocracy)에서와 똑같이 사람들의 유인을 변화시키는가? 즉, 민주제 하에서 '표(票)를 사는 민주적 지도자'(vote-buying democratic leader)도 합리적 전제군주(rational autocrat)처럼 세율을 '세수를 극대화하는 수준'으로 인상할 유인을 가지는가?

그 대답은 '아니다'이다. **민주적 다수(democratic majority)**와 **전제군주 모두** 그들이 거주하는 사회에서 **세금 징수를 지배하기 때문에 그 사회에 "포괄적" 이해관계**를 가지고 있다. 그러나 전제군주 하에서와 달리 민주적 다수는 또한 그들이 거주하는 사회가 생산해내는 **시장소득**(market income)으로부터도 '커다란 비중'을 가져온다. 이것은 **민주적 다수**로 하여금 그 사회의 생산량(국민소득)에 **"더 큰 포괄적" 이해관계**(more encompassing interest)를 가지게 한다. 즉, 민주적 다수는 사회가 생산한 국민소득으로부터 '커다란 비중'을 가져오기 때문에 그 사회에 "더 큰 포괄적" 이해관계를 가진다. 민주적 다수가 그 사회의 시장소득에 가지는 더 큰 포괄적 이해관계 때문에 민주적 다수는 전제군주가 국민소득을 자신에게 재분배(이전)하는 것보다 '더 적게' 국민소득을 그들에게 재분배(이전)할 것이다. 이러한 사실은 민주적 다수가 세수를 극대화하는 세율 수준에서 이들이 직면하는 옵션을 고려해 봄으로써 더욱 분명해진다. 민주제의 경우 세수를 극대화하는 세율에서 세율의 아주 작은 변화는 '세수'를 변화시키지 않을 것이다. 왜 그런가? 세수를 극대화하는 세율에서 세율의 아주 작은 증가는 '국민소득'을 크게 감소시키지만 민주적 다수가 소득을 자신들에게 '더 적게' 재분배하기 때문에 세수는 변하지 않을 것이다(물론 세율의 증가로 전에 비해 국민소득 중 더 큰 비중이 세금으로 빼앗길 것이다). 반면에 세수를 극대화하는 세율에서 세율의 아주 작은 감소는 '국민소득'을 크게 증가시키지만 민주적 다수가 소득을 자신들에게 '더 적게' 재분배하기 때문에 세수는 변하지 않을 것이다(물론 세율의 감소로 전에 비해 국민소득 중 더 작은 비중이 세금으로 빼앗길 것이다). 따라서 세수를 극대화하는 세율에서 세율이 아주 작게 증가하거나 감소하더라도 국민소득은 크게 감소하거나 증가하지만 민주적 다수가 소득을 자신들에게 '더 적게' 재분배하기 때문에 세수는 변하지 않는다. 그러나 이러한 결과는 '전제군주'의 최적(optimal) 세율이다. 왜 그런가? '국민소득'의 변화는 오직 '세수 변화'를 통해서만 전제군주의 소득에 영향을 미치기 때문이다. 즉, 전제군주는 세수로부터 자신의 소득을 조달하기 때문에 세수 변화 없이는 자신의 소득을 변화시킬 수 없을 것이다.

그러나 세수를 극대화하는 세율에서 민주적 다수는 세율의 감소로부터 자신의 소득을 '증가'시킬 수 있다(정확히 말하면, 반드시 '증가'시킨다). 왜냐하면 국민소득이 증가하면 그들은 (전제군주처럼) 증가된 국민소득에서 세금을 징수할 수 있을 뿐만 아니라 (전제군주하에서와 달리) 시장에서 더 많은 소득을 획득하기 때문이다. 따라서 **'민주적 다수'의 최적 세율은 전제군주의 최적 세율보다 더 낮을 것이다.** 가장 간단한 산술적 예를 들면 다음과 같다. 세수를 극대화하는 세율이 3분의 1(= 33%)이고, 민주적 다수가 시장에서 생산된 국민소득의 3분의 1을 획득한다고 가정해 보자. 먼저, (앞에서 설명했듯이) 합리적 전제군주는 자신이 세금으로 징수하는 마지막 1달러가 국민소득을 3달러 감소시킬 것이라는 사실을 알 것이다. 이러한 손실(즉, 국민소득 감소)의 3분의 1(즉, 1달러)은 자신의 손실이다. 따라서 전제군주는 자신이 징수하는 세수의 마지막 1달러에 대해 1달러의 세수 이익과 1달러의 손실을 봄으로써 이익도 손실도 없게 되며, 그 결과 그는 '세수를 극대화하는 세율' 수준에 있게 된다. 그러나 민주적 다수가 실수로 똑같은 세수 극대화 세율(즉, 3분의 1)을 선택한다면 그들은 '손실'을 보게 될 것이다. 왜냐하면 민주적 다수는 자신이 징수하는 1달러의 세금으로부터 (1달러가 아니라) '2달러'의 손실(즉, 전제군주 하에서 보게 되는 1달러의 손실 + 감소된 시장소득으로부터 보게 되는 1달러의 손실)을 보게 될 것이기 때문이다. 따라서 **민주적 다수는** 전제군주가 선택하는 것보다 **(i) 더 낮은 세율과 (ii) 자신들에게 더 적은 재분배(이전)를 통해 각자의 총소득을 극대화할 것이다**[20].

이러한 결과를 좀 더 일반적으로 말하면 다음과 같다. 즉, 국민소득이 어떤 지배자(ruling interest) — 전제군주든 민주적 다수이든 또는 다른 사람들이든 — 가 국민소득에서 차지하는 비중(이를 '소득산출능력'이라 부름 ; 예 : 3분의 1)의 '역수'(예 : 3)만큼 감소할 때

---

20 **[원문 각주 9]** 이러한 결론에 대한 수학적 및 기하학적 증명과 나의 본 이론에서 제기된 많은 다른 기술적 문제들에 대한 분석에 관심 있는 독자들은 저자에게 자료를 요청하기 바람. (**[역주]** 1996년에 출간된 저자의 논문을 참고하기 바람 : McGuire, Martin C. and Mancur Olson, "The Economics of Autocracy and Majority Rule : the Invisible Hand and the Use of Force," *Journal of Economic Literature*, Vol. 34, No. 1, March 1996, pp. 72~96.)

이 지배자는 국민소득을 자신에게 재분배하는 것을 중지하는 게 이로울 것이다[21]. 만약 세수를 극대화하는 세율이 2분의 1(= 50%)이라면 전제군주는 자신의 마지막 1달러의 세금 징수로 국민소득이 2달러(즉, 세율의 역수) 감소할 때 그는 세금을 더 이상 인상시키지 않을 것이다. 다음으로, 민주적 다수의 경우는 어떤가? 어떤 민주적 다수집단(democratic majority)이 시장에서 (예를 들어) 국민소득의 5분의 3을 산출하고, 생산된 국민소득의 5분의 1을 자신에게 이전(재분배)하는 것이 최적이라는 것을 알고 있다고 가정하자. 그러면 민주적 다수집단은 자신에게 재분배(이전)하는 마지막 1달러로부터(즉, 마지막 1달러의 세금 징수로부터) 4분의 5(즉, 1.25달러)만큼의 국민소득을 필연적으로 감소시킬 것이다. 이와 같이 사회에서 소득산출능력이 큰 민주적 다수집단의 경우 1달러의 세금 징수는 국민소득을 '작게'(예를 들어, 1.25달러) 감소시킨다. **따라서 사회에서 지배자가 가지는 이해관계(즉, 소득산출능력)가 "더 포괄적일수록"(more encompassing) — 즉, 지배자가 산출해내는 국민소득 비중이 더 클수록 — 국민소득을 자신에게 재분배(이전)함으로써 발생하는 사회적 손**

21 **[역주]** 위에서 설명했듯이 세수 극대화 세율이 3분의 1이면 국민소득은 3만큼 감소한다. 이때 전제군주는 1달러의 세금 징수로부터 단지 1달러의 손실이 발생하지만, 민주적 다수는 1달러의 세금 징수로부터 '2달러'의 총 손실이 발생함으로써 1달러의 '순 손실'을 보게 된다.

실(social costs)은 더 적을 것이다(즉, 국민소득을 자신에게 재분배함으로써 국민소득을 더 적게 감소시킬 것이다). 반대로 **지배자의 이해관계(소득산출능력)가 "더 좁을수록"**(narrower) ― 즉, 지배자가 산출해내는 국민소득 비중이 더 작을수록 ― **국민소득을 자신에게 재분배(이전)함으로써 발생하는 사회적 손실은 더 클 것**이다. 그러나 '더 좁은 이해관계'를 가진 그 지배자는 그러한 사회적 손실을 덜 고려할 것이다. 따라서 **지배자의 이해관계가 좁을수록 그 지배자는 국민소득을 자신에게 재분배(이전)함으로써 발생하는 사회적 손실을 더 적게 고려할 것이다.**

이러한 결과는 다음 현상을 이해하는 데 도움을 준다. 흔히 '민주제(민주주의)가 **포괄적 이해관계(encompassing interest)**에 의해 지배된다'고 전제된다. 이러한 전제는 실제 세계에서의 많은 민주제들에 대해 '너무 낙관적인 예언들'을 가져다줄 수 있다. 그러나 민주제가 **"좁은 이해관계"**(narrow interest)를 가진 지배자나 집단에 의해 지배된다면 어떻게 될 것인가? 현실 세계에서의 민주제가 **"좁은 이해관계"**에 의해 지배된다면 민주제는 그다지 낙관적이지 않을 것이다. 왜 그런가? 위에서 언급했듯이 **지배자의 이해관계가 좁을수록** 그 지배자는 국민소득을 자신에게 재분배(이전)함으로써 발생하는 **사회적 손실을 덜 고려할** 것이다. 예를 들면, 비례대표제(proportional representation) 하에서 종종 나타나는 **'작은 정당들'**(small parties)은

어떤 사회의 아주 작은 비중만 포괄할 것이며, 그로 인해 그들은 그들의 소규모 지지자들을 대표하여 자신이 취하는 조치(행위)들이 발생시키는 **사회적 비용을 거의 또는 전혀 고려하지 않을** 것이다. 특히 **특별이익집단들(special interest groups)**은 민주제에서 정부 정책들이 자신들에게 이익을 가져다주는 특정 분야에서 실시되도록 결정하는 주요 집단이다. 특별이익집단들은 자신들이 획득하는 재분배 조치들이 발생시키는 사회적 비용을 거의 고려하지 않을 것이다. 예를 들면, 미국의 전형적인 로비집단은 미국의 소득산출능력(income-earning capacity)의 1%(= 100분의 1) 미만을 대표한다. 이러한 로비집단은 "**역수의 법칙**"(reciprocal rule)에 따라 국민소득을 자신에게 재분배(이전)함으로써 발생하는 사회적 비용(국민소득 감소)이 재분배 경쟁에서 획득하는 금액의 100배가 될 때에는 자신의 로비 의뢰인들에게 더 이상 재분배하지 않으려 할 것이다[22].

따라서 '민주제가 독재(전제군주제)보다 반드시 '더 적게' 재분배할 것이다'라고 결론 내리는 것은 잘못된 것이다. 민주제 하에서 '좁은 이익집단'이나 '특별이익집단들'은 국민소득을 자신들에게 더 많이 재분배할 것이다. 그러나 민주제 하에서의 재분배는 전제군주가 아니라 '시민들'에게 돌아가며, 그것은 종종 매우 불공평하게 이루어

---

22 [역주] 이에 대해서는 Olson(1982)을 참고하기 바람 : Olson, M.(1982), *The Rise and Decline of Nations*, New Haven : Yale University Press.

진다. 마지막으로, **'민주적 정치경쟁'**(democratic political competition)에 참가하는 정부 지도자(government leader)는 전제군주와 다른 유인을 가진다. 민주적 정치경쟁은 비록 그것이 매우 나쁘게 이루어질 때에도 정치적 경쟁에 참가하는 정부 지도자는 결코 전제군주가 가지는 유인과 동일한 유인을 가지지 '않을' 것이다. 전제군주는 자신의 '사적 목적'을 달성하기 위해 자신이 지배하는 사회로부터 최대한의 사회적 잉여(maximum social surplus)를 빼앗아내려는 유인을 가진다. 그러나 민주적 정치경쟁에서 정부 지도자는 결코 이러한 유인을 가지지 않는다. 이제까지 우리는 독재제와 민주제의 포괄성 — 예를 들면, 포괄적 이해관계, 좁은 이해관계, 특별이익 등 — 에 대해 비교해 보았다.

V. 왕이여 오래 사소서[23] : 전제군주의 장기적 시야

우리는 어떤 경제에서 투자율이 높을 때에 **최대 소득**(maximum income)이 산출되며, **장기 투자**(long-term investment)로부터 얻어지는 대부분의 수익은 투자가 이루어진 **'오랜 후에'** 발생한다는 사실을 잘 알고 있다. 이는 다음을 의미한다. **장기적 시야**(long view)를 가지는 어떤 전제군주가 있다면 그는 자신의 국민들에게 그들의 재산이 다른 사람들에 의한 도둑질뿐만 아니라 전제군주 자신에 의한 몰수나 강탈로부터 **'영구적으로' 보호될 것**이라는 것을 확신시키려 할 것이다. 만약 전제군주의 국민들이 재산 몰수나 강탈을 두려워한다면 그들은 덜 투자할 것이며, 그로 인해 장기적으로 자신의 조세 징수도 감소될 것이다. 주어진 세율에서 획득 가능한 **최대 소득**을 달성하기 위하여 어느 한 사회는 **계약** — 예를 들면, 장기 대부 계약 — **을 공정하게 이행할** 필요가 있을 것이다. 그러나 **최대 이익**은 **'장기적으로만'** 획득될 것이다. 또한 **장기 계약**(long-run contracts)으로부터 **최대 이익**을 얻기 위하여 어느 한 국가(사회)는 **안정적인 통화**(stable currency)가 필요할 것이다. 따라서 정주산적과 그들의 백성들은 다음 조건 하에서 최대 이익을 얻을 수 있다. 먼저, 정주산적

23 **[역주]** "Long Live the King"은 '왕이여 오래 사소서', '왕이여 만수무강(萬壽無疆) 하소서', '왕이여 천세만세(千歲萬歲) 하소서' 등으로 번역할 수 있다.

은 **무한히 장기적인 시야를 가질 때에만** 세금으로 **최대 수입**을 징수할 것이다. 다음으로, 정주산적의 백성들도 **자신의 사유 재산과 공정한 계약 이행에 대한 그들의 "권리"(rights)가 영구적으로 존중받을 것이라는 완전한 확신을 가질 때에만**(또는 동전이나 통화가 최대 가치를 보유하고 있을 때에만) 정주산적이 점령지역의 생산량에 가지는 '**포괄적 이해관계**'로부터 **최대 이익**을 얻을 것이다. **그러므로 정주산적이 '장기적 시야'를 가지고 있고, 백성들의 사유 재산권과 계약 이행권이 영구히 보호될 때에만 정주산적과 백성들은 각각 자신의 최대 이익을 얻을 것이다.**

이제 어느 한 전제군주가 (장기가 아니라) '내년'을 보내는 데(즉, 단기 계획)에만 관심을 가진다고 가정해 보자. 그러면 이 전제군주는 백성들로부터 손쉬운 고정자산을 빼앗음으로써 이익을 얻을 것이다. 그러나 전제군주가 내년 동안 이 자산으로부터 징수하는 세금 수입(tax yield)은 자산의 총(total) 가치보다 적을 것이다. 즉, 단기적으로 전제군주는 최대 세수를 징수하지 못할 것이다. 또한 전제군주는 (i) 내년 일에만 관심이 있기 때문에 장기 계약의 이행에 대해 완전히 잊거나 (ii) 자신의 채무 이행을 거부하거나 (iii) 궁극적으로 인플레이션을 초래할지라도 자신의 사적 지출을 위해 새로운 화폐를 주조하거나 발행함으로써 이익을 얻을 것이다. 극단적으로 어느 한 전제군주가 자신이 지배하는 사회의 '미래 생산량'을 고려할 아무런 이유가 없을 때 그의 유인은 방랑산적의 유인과 다를 바 없게 되고, 실제로 그는 방랑산적이 된다[24].

확실히 '**합리적 전제군주**'(rational autocrat)는 자신이 결코 백성들의 재산을 몰수하지 않거나 자산의 지급 의무를 거절하지 않을 것이라는 것을 '약속할' 유인을 가질 것이다. 왜 그런가? 합리적 전제군주는 모든 것을 빼앗기보다는 **'백성들의 투자와 상업 활동을 증진시키는 데' 에 중대한 이해관계를 가지고 있기** 때문이다. 즉, 백성들의 투자와 상업 활동을 증진되게 함으로써 전제군주의 이익도 증가하기 때문에 전제군주는 백성들의 사유 재산권과 계약 이행권을 확실

24 [원문 각주 10] 전쟁으로 인해 '어느 한 전제군주가 소유한 영토의 경계가 어떻게 될 것인지' 에 대한 신뢰가 약화된다면 그 영토의 점유에 대한 그 전제군주의 시계는 '짧아질' 것이다. 비록 그 전제군주가 다른 곳에 있는 어떤 영토를 지배할 것이라고 믿더라도 그의 시계는 짧아질 것이다. 극단적으로 어느 한 전제군주가 어떤 영토를 지배할 것인지에 대한 '완전한 불확실성' 은 곧 '방랑산적떼' (roving banditry)를 의미한다. 방랑산적떼에 비해 '정주산적떼' (stationary banditry)의 이점은 자연 발생적이고 군사적으로 방어할 수 있는 경계들이 있을 때에 확실히 가장 크다. 흥미롭게도 역사상 가장 초기의 국가들(states)은 주로 어떤 인류학자가 부른 "환경적으로 경계가 정해진" 지역들에서 출현하였다. '환경적으로 경계가 정해진 지역' 이란 사막, 산, 해안 등에 둘러싸인 경작 가능한 땅으로 이루어진 지역을 말한다(이는 Carneiro(1970)가 정의한 것임). Carneiro(1970)가 지적했듯이 "환경적 경계선"은 군사적으로 존속 가능한 경계들을 제공해줄 뿐만 아니라 패배한 부족들이 다시 자활할 수 있는 다른 지역으로 도망치려는 기회를 제한하기도 한다. 또한 그러한 지리적 조건에서 사회 진화의 가장 초기 단계의 특징인 '합의 민주제' (consensual democracy)가 '전제국가들' (autocratic states)에 의해 더 일찍 대체된다는 것을 의미한다. 즉, 환경적 경계선이 있는 경우 전제국가들이 더 일찍 합의 민주제를 대체할 것이다.

하게 보호해주려는 유인을 가질 것이다. 전제군주의 그러한 약속은 제대로 지켜지는가? 그러나 어느 한 전제군주의 '약속'은 독립 사법부나 다른 **독립적인 권력의 원천**[25](source of power ; 또는 권력 기관)에 의해 이행되지 않는다. 왜냐하면 독재력(전제력)은 정의상 어떤 사회 내에서 전제군주가 지배할 수 없는 재판관들이나 다른 권력의 원천(또는 권력 기관)이 없다는 것을 의미하기 때문이다[26]. 또한 독재자가 권력을 불안전하게 장악하고 있거나 후계자가 없는 경우에는 '단기적 시야'(short-term view)를 가질 수 있다. 따라서 **개념 정의상의 이유**와 어떤 독재자가 **'단기적 시야를 가질 수 있는 명백한 가능성'** 때문에 전제군주의 약속은 결코 완전히 신뢰할 수 없다. 그러므로 이제까지 내가 주장한 **'합리적으로 사익을 추구하는 전제군주(rational self-interested autocrat) 모형'**은 사실상 그러한 전제군주들 하에서의 경제적 성과(economic performance)에 대해 다소 너무 '낙관적'으로 보고 있는 것 같다. 즉, '합리적 전제군주 모형'은 합리적 전제군주들 하에서 경제적 성과가 좋을 것이라는 낙관적인 기대를 시사해준다. 왜 그런가? 왜냐하면 합리적 전제군주 모형은 암묵적

---

25 [역주] 여기서 "source of power"는 '힘의 원천' 또는 '권력의 원천'을 말한다. 예를 들면, 국회의원들의 입법권이나 국정감사권 등이 '힘의 원천'에 속한다.

26 [역주] 독재정치(獨裁政治)란 정의상 한 나라의 권력을 민주적인 절차를 무시하고 지배자 '한 사람'이 마음대로 행사하는 정치를 말한다.

으로 전제군주들이 **'무한한 장기 계획 시계'**(indefinitely long planning horizon)를 가지고 있다(또한 백성들도 그렇게 믿고 있다)고 가정하고 있기 때문이다.

전제군주들은 항상 무한한 장기 계획 시계를 가지는가? 그러나 역사적으로 많은 전제군주들은 때때로 '단기적인 시계들'(short time horizons)을 가지고 있었다. 군주들이나 독재자들이 행한 재산 몰수, 대부금에 대한 지급 의무 거절, 화폐 가치 저하, 통화 팽창 등의 사례는 역사적으로 수없이 많으며, 그러한 행위들은 전제군주들이 단기적인 시계를 가지고 있었기 때문에 발생한 것이다.

군주의 시계(視界, time horizon)는 왜 중요하며, 그것은 어디에서 오는가? **군주의 시계가 가지는 '중요성'**에 대한 가장 흥미 있는 증거는 아마 **'군주들의 장수(長壽)'에 대한 역사적 중요성** — 즉, 군주의 장수는 그 국가의 역사에 있어서 매우 중요하다 — 과 **'왕조(王朝)가 사회적으로 바람직하다'**는 한때 만연되었던 믿음에서 비롯되었다. 첫째, **왕의 장수**는 왜 중요한가? 왕의 건강과 안녕을 기원하는 많은 방법들이 있다. 그러나 위에서 한 주장이 보여주듯이 왕의 백성들은 그들이 **"왕이여 오래 사소서"**(long live the king)라고 외칠 때 이것이 거짓이 아니라 **'진실해야'** 할 더 나은(고상한) 이유를 가지고 있다. 백성들의 충심 어린 기원에 부응하여 왕이 왕조의 계승을 예상하고 존중한다면 이는 **왕의 계획 시계(planning horizon)를 더욱 길게 할 뿐**

만 아니라 궁극적으로 백성들에게도 좋을 것이기 때문이다.

둘째, **왕조의 계승(dynastic succession)**은 왜 중요한가? 어떤 왕의 아들이 왕직(王職)을 수행하는 데 가장 유능한 재목(材木)일 가망성이 거의 없음에도 불구하고 자손들에 의한 **'왕조의 계승'**은 역사적으로 널리 행해져 왔다. 왕조 계승의 역사적 유행은 아마 **전제정치의 간과된 또 다른 특징**과 관계가 있다. 절대 권력을 가진 지배자(즉, 전제군주나 독재자)는 정의상 사회 내에서 다음 지배자를 선택하거나 그 선택을 사회에 위임할 '독립적인 힘의 원천'(또는 독립된 권력 기구)을 결코 가질 수 **없다**. 환언하면, 절대 권력을 가진 지배자는 정의상 자신만이 다음 지배자를 선택할 권능(權能)을 가지고 있다. 독립적인 힘의 원천에 의해 새로운 지배자를 선택하거나 임명할 '독립적인 능력'을 가진다는 것은 곧 현재의 전제군주를 내쫓거나 구속하는 데 그러한 능력을 사용할 수 있다는 것을 의미한다. 이러한 이유로 절대 권력을 가진 지배자는 당연히 이러한 독립적인 능력을 가진 힘의 원천을 절대로 용납하지 않을 것이다. 그럼에도 불구하고 왕조의 계승이 항상 확실한 것은 아니다. 아프리카와 라틴 아메리카 지역의 현대적 독재정권들로부터 분명히 알 수 있듯이 대부분의 독재정권들은 그들의 특성상 **'계승 위기'(succession crisis)**와 **'미래의 불확실성'**에 특히 취약할 수 있다. 그러므로 위에서 언급한 전제군주의 **단기적인 시계(視界) 문제**에 더하여 **왕조 계승의 위기와 미래의 불확실성**

이 새로운 문제로 추가된다. 왕조 계승이 불확실한 상황에서 어떤 국가(사회)에서 다음 지배자가 누가 될 것인지에 대해 (권력 투쟁 없이) 평화적으로 '합의'(consensus)가 이루어진다면 그것은 그 국가(사회)에 매우 유익할 것이다. 왜냐하면 다음 지배자의 임명에 대한 평화적 합의는 (평온한 계승을 보장하는) 전제정치의 부재로부터 발생하는 사회적 손실을 감소시켜 주기 때문이다. 그러나 **전제정치 하에서 '왕조의 계승'**(dynastic succession)은 사회적으로 바람직할 수 있다. 왜 그런가? 여기에는 두 가지 이유가 있다. 첫째, **왕조의 계승**은 **'계승 위기'**(succession crisis)**가 일어날 가능성을 감소시켜 주기** 때문이다. 둘째, **왕조의 계승**은 **군주들에게 장기 시계와 사회적 생산력의 중요성을 가져다주기** 때문이다. 따라서 왕조의 계승은 왕위 계승을 둘러싼 투쟁과 혼란을 막아주고, 왕과 군주들에게 장기적 시계에서 사회의 생산력을 중시하게 하는 요인이 된다. 이러한 이유들로 전제군주들에 의한 '왕조의 계승'은 사회적으로 바람직할 수 있다. 이제까지 우리는 전제정치 하에서 **전제군주의 장기 시계, 왕의 장수와 왕조 계승의 중요성**에 대해 살펴보았다.

VI. 민주제, 개인의 권리 그리고 경제발전

〈주요 키워드〉

- **투자와 장기 계약에 대한 최대한의 신뢰**(maximum confidence)
- **안전한 정부**(secure government) : 개인의 권리를 존중하고 보호해주는 정부
- **영속적 민주제**(lasting democracy)
- **안전한 민주제**(secure democracies)
- **안정된 민주제 국가**(stable democracies)
- **"계약집약적 활동"** (contract intensive activities)

위에서 우리는 어느 한 독재자(전제군주)가 '**매우 단기적인 시계**'를 가질 때 다음 행위들을 통해 **언제나 이익을 얻는다**는 것을 살펴보았다. 즉, 어느 한 독재자(전제군주)가 '**매우 단기적인 시계**'를 가질 때 그는 (i) 백성들의 재산을 **몰수하고**, (ii) 백성들로부터 돈을 빌릴 때 자신이 서명한 계약을 **파기하고**, 그리고 (iii) 자신의 장기 시계에 의해 이룬 경제적 결과를 **무시함으로써** 이익을 얻는다는 것을 보았다. 다시 말하면, 독재자가 매우 단기적인 시계를 가질 때 그는 백성들에 대해 '포괄적 이해관계'를 가지지 않는다. 또한 현실적으로도 전제(독재)정치가 단기적인 시계를 가진 어떤 사람에 의해 이루어질 가능성이 항상 존재한다. 심지어 그러한 '가능성이 존재하는 경우'에

도 항상 **투자와 장기 계약의 이행에 대한 '신뢰'**를 떨어뜨린다. 그러면 사람들이 투자와 장기 계약 이행에 대해 신뢰를 가지려면 무엇이 필요한가? 즉, 어떤 경제(사회)에서 사람들이 (i) 자신이 축적한 재산이 존중되고 보호될 것이며, (ii) 자신이 서명한 계약이 공정하게 이행될 것이라는 것을 **'최대한 신뢰'**(maximum confidence)하려면 무엇이 필요한가?

어떤 사회에서 사람들은 **개인의 권리(individual rights)를 존중하고 보호해주는 '안전한 정부'**(secure government)를 필요로 한다. 그러나 개인의 권리들은 자연물이 아니라 보통 **'정부 제도들의 인공물'**(artifact of governmental institutions)이다. 정부 없이 사유 재산도 없다(no private property without government). 방랑산적의 세계에서는 일부 사람들만이 재산을 소유할 수 있지만 어느 누구도 그 사회(정부)가 집행하는 사유 재산권을 가질 수 없다. 개인의 권리들은 어떻게 존중되는가? 일반적으로 공정한 사법체계(court system)가 없으면 신뢰할 수 있는 계약 이행도 없다. 왜냐하면 공정한 사법체계는 국가의 강제력(coercive power)을 사용하여 사람들이 자신이 맺은 계약을 존중하도록 요구할 수 있기 때문이다.

그러나 사람들은 그들의 재산권과 계약권이 다음 두 가지 침해로부터 보호받기를 필요로 한다. 즉, 사람들은 자신의 **재산권과 계약권이 (i) 사적 영역에 있는 다른 사람들에 의한 침해뿐만 아니라 (ii) 사**

회에서 가장 큰 힘을 가진 실체인 정부 자체에 의한 침해로부터 보호받기를 필요로 한다.

Individuals need their property and their contract rights protected from violation not only by other individuals in the private sector, but also by the entity that has the greatest power in the society, namely, the government itself.

따라서 어떤 경제는 다음 두 가지 조건이 충족되는 경우에만 투자와 장기 계약으로부터 모든 잠재적 이익(즉, 최대 이익)을 얻을 수 있을 것이다. 즉, 정부가 (i) 오래 존속할 정도로 "강해야(strong)"하고 (ii) 재산과 계약 이행에 대한 개인의 권리를 침해하지 않도록 "자제적"(inhibited)이어야만 그 경제는 투자와 장기 계약으로부터 모든 잠재적 이익을 얻을 수 있을 것이다.

An economy will be able to reap all potential gains from investment and from long-term transactions only if it has a government that is believed to be both "strong" enough to last and "inhibited" from violating individual rights to property and rights to contract enforcement.

그러면 어떤 사회에서 **이러한 두 조건을 동시에 충족시키는 정부**를 가지기 위해 무엇이 필요한가? 즉, '어떤 정치체제'에서 두 조건을 동시에 충족시키는 정부가 출현하는가?

이제까지 우리는 어떤 조건 하에서 개인의 권리가 최대 이익을 가져다주는지를 살펴보았다. 즉, 개인의 재산권과 계약권이 침해받지 않는 경우에 투자와 장기 계약으로부터 최대 이익을 얻을 수 있다는 것을 살펴보았다. 한 가지 흥미로운 사실은 **'최대한의 경제발전을 가져다주는 개인의 권리(즉, 재산권과 계약권)를 보유하는 데 필요한 조건들' 이 '영속적 민주제(lasting democracy)를 유지하는 데 필요한 조건들' 과 정확히 똑같다**는 점이다. '영속적 민주제'를 가지는 데 필요한 조건들은 무엇인가? 사람들에게 (i) 언론의 자유와 재산 및 계약의 안전에 대한 권리 등이 없거나 (ii) 법의 지배(rule of law)가 적용되지 않는다면 그 사회에서 **민주제는 존속할 수 없을 것이다.** 따라서 '영속적 민주제'를 존속시키는 데 필요한 **사법체계, 독립 사법부, 법과 개인의 권리에 대한 존중** 등은 **동시에 개인의 재산권과 계약권의 안전**을 위해서도 필요한 조건들이다. 다시 말하면, **사법체계, 독립 사법부, 법과 개인의 권리에 대한 존중 등은 개인의 재산권과 계약권의 안전을 위해 필요한 조건들인 동시에 '영속적 민주제' 를 위해서도 필요**

한 조건들이다.

위에서의 내 주장이 제시해주듯이 **자산과 계약에 대한 개인의 권리가 수세대에 걸쳐서 오랫동안 지속된다고 확신되는 사회들만이 확실히 '민주적인 사회들'** 이다. 그러나 어떤 전제정치 하에서 **전제군주**는 장기적 시계가 아니라 종종 **'단기적인 시계'**를 가질 것이다. 또한 전제정치 하에서 순조로운 합법적 계승을 보장하는 '**독립적인 권력의 부재**'는 현재의 전제군주가 물러날 때 어떤 일이 일어날지에 대해 항상 커다란 **'불확실성'**이 존재한다는 것을 의미한다. 역사적으로 오랫동안 지속적으로 백성들의 재산권과 계약 이행권을 존중한 절대 지배자들은 단 한 차례도 찾아 볼 수 없다. 확실히 민주적 정치지도자들의 임기, 재임 기간, 시계는 아마 전형적인 전제군주에 비해 훨씬 더 짧으며, 이로 인해 민주제는 많은 능률을 상실할 것이다. 그러나 법의 지배(rule of law) 하에서 예측 가능한 권력의 계승(succession of power)을 보장하는 **'안전한 민주제'(secure democracies)** 하에서는 개인의 권리에 대한 판결과 이행이 결코 근시안적(단기적)이 아니다. '안전한 민주제' 하에서 많은 사람들은 확신을 가지고 **장기 계약**뿐만 아니라 심지어 **매우 장기적인 계약**을 맺음으로써 그들의 증손들에게까지 유효한 신탁(信託)을 확립하고, 그들의 합법적 권리가 무한한 미래에도 안전하게 보호받도록 할 수 있다.

마지막으로 '**안전한 민주제**'와 '**경제발전**'과의 관계를 살펴보기로 하자. 우선, 종종 자본이 '지속적 또는 일시적 독재국가들'로부터 **'안정된 민주제 국가들'**(stable democracies)로 도피(逃避)하는 것은 전혀 놀랄 일이 아니다. 전자(독재제 국가들)의 국가들이 비교적 적은 자본을 가지고 있을 때나 후자(민주제 국가들)의 국가들이 이미 비교적 많은 자본을 가지고 있어서 자본 수익률이 그리 높지 않은 경우에도 전자의 국가들에서 후자의 국가들로 자본의 도피가 발생한다. 또한 은행, 보험, 자본시장 등과 같은 **"계약집약적 활동들"**(contract-intensive activities)로부터 얻는 이익도 주로 **'안정된 민주제 국가들'**(stable democracies) — 예를 들면, 미국, 영국, 스위스 등 — 에서 획득된다. 경험에 따르면 비교적 '빈곤한 국가들'에서 '강력한 독재자'가 우연히 매우 좋은 경제정책들을 가지고 지배할 때 '매우 빠르게 성장할 수 있다'는 것을 보여준다. 그러나 그러한 성장은 한 명의 독재자 또는 두 명의 독재자들의 지배 기간 동안에만 지속된다. 또한 최고의 경제발전 수준에 도달하거나 수세대에 걸쳐서 좋은 경제 성과를 누려온 국가들도 모두 **'안정된 민주제 국가들'**이라는 사실도 결코 우연이 아니다. 게다가 민주제 국가들은 독재국가들보다 전쟁에서 승리할 가능성이 약 두 배 더 높은 것으로 나타났다[27].

---

27 [역주] Lake, David A. (1992), "Powerful Pacifists : Democratic States and War," *American Political Science Review*, 86, pp. 24~37.

Ⅶ. 전제군주제에서 민주제도의 변천 : 일어나기 어려운 이행

〈주요 키워드〉

- **전제군주제**(autocracies)**에서 민주제**(democracies)**로의 변천**
- **자생적 민주제**(spontaneous democracies)
- **민주제로의 이행**(transition to democracy)
- **민주제로의 내부적**(internal)**이고 자발적**(spontaneous)**인 이행**
- **민주제로의 자발적 이행**(spontaneous transition to democracy)
- **민주제의 자발적 출현**
- **민주제로의 자발적 이행 이론**
- **전제정부로부터 민주제 정부로의 자발적 이행**(spontaneous transition from autocracy to democracy)
- **민주적 이행의 논리**
- **매우 단순한 이론**(parsimonious theory)

'전제군주제'(autocracies)로부터 어떻게 '민주제'(democracies)가 출현하는가? 우선, (i) 전제정부(autocratic government)가 어떻게 출현하며, (ii) 그것이 왜 정착 농업의 발전 이래로 지배적인 정부 형태가 되어왔는지를 보는 것은 비교적 쉬운 일이다. 왜냐하면 역사적으로 강제적 세금 징수에 의해 막대한 재산을 획득하여 축적한 독재자들(strong men)이 넘쳐나기 때문이다. 그러나 전제군주제로부터 어떻게 민주정부(democratic government)가 출현할 수 있는지를 보는 것은 훨씬 더 어렵다. 과연 전제군주제에서 민주제로의 변천이 가능한가? 그렇지 않으면 민주제는 자생적으로 출현하는가?

어떤 전제군주의 가혹한 세금 징수로 인한 고통에서 벗어나기 위하여 백성들이 그 전제군주를 타도할 것이라고 가정하는 것은 겉으로 보기에는 옳은 것 같다. 그러나 그것은 하나의 '논리적 실수'이다. 즉, 전제군주의 백성들이 그의 가혹한 세금 징수로 고통을 겪는다고 해서 자신들의 전제군주를 타도하지는 않을 것이다. 전제군주의 타도에는 '다른 이유들'이 있다. 또한 '집단행동의 논리'(logic of collective action)에 따르면 대중들이 단순히 전제군주를 몰아내지 않는 것 — 즉, 전제군주와 함께 사는 것 — 이 자신들에게 더 나을 것이기 때문에 '전제군주를 타도하지 않을 것이다'라는 것을 시사해준다. 왜 그런가? 집단행동의 논리는 역사적 기록에서 왜 사회계약(social contracts)이 존재하지 않았는지를 명확히 보여주는 하나의 근거이며, 이 경우에 대규모 집단들은 무정부보다 '정부 수립과 존재'의 이점을 누리려 할 것이다. 따라서 대규모 집단들은 전제군주를 타도하려는 집단행동에 참가하지 않을 것이다. 바로 이러한 집단행동의 논리로 인해 대중들은 전제군주를 타도하지 '않을' 것이다.

최초의 이집트 파라오들(Pharaohs)[28]이나 이라크의 사담 후세인(Saddam Hussein, 1937~2006년)[29]에 이르는 역사적 증거에 따르면 무자비한 전제군주들은 그들의 백성들에게 가혹한 고통을 가했을 때에도 '생존'할 수 있었다는 것을 보여주었다. 전제군주들은 (i) 다른 이유들(예를 들면, '계승 위기')[30]에 의해서 교체되거나 (ii) 종종 다른 정주산적(stationary bandit)에 의해 타도되었다. 그러면 어떤 **전제군주제(autocracy)**로부터 대체로 **'민주적 정부'(democratic government)**[31]나 최소한 **'다원주의적 정부'(pluralist government)**가 출현하는 경우들이 있다면 이를 어떻게 설명할 수 있는가? 그러한 출현을 설명하는 데 어떤 '특별한 상황'이 있는가?

---

28 **[역주]** 고대 이집트의 왕들을 말하며, 일반적으로는 전제적인 군주나 국왕들을 말함.

29 **[역주]** 이라크의 군인 지도자 및 대통령(1979~2003년)이었으며 2006년 12월에 사형 당했음.

30 **[원문 각주 11]** 다른 유형의 이유들에 대한 더 많은 사례를 보려면 Olson(1990)을 참고하기 바람.

31 **[원문 각주 12]** 논의의 간결성을 위하여 여기서 '민주제'(democracy)는 '보통 선거권'이라기보다는 '경쟁적 선거들, 사회적 다원론, 전제정치의 부재'로 정의한다. 선거권의 확대가 어떻게 이루어졌는지(즉, 협의의 선거권이 어떻게 광의의 선거권으로 변모되었는지)는 여기에서 내가 제시한 이론의 논리를 간단히 확장함으로써 쉽게 설명될 수 있다. 그러나 현재의 이론을 확장 및 발전시키고 역사적 증거를 사용하여 이를 검증하는 것은 결코 사소한 일이 아닐 것이다.

하나의 분명한 특별한 상황은 부분적으로 위에서 설명한 이유들로서 가장 부유한 국가들은 민주제 국가들(democracies)이라는 것이다. 또한 민주제 국가들은 그들의 주요 전제적 경쟁자들 — 파시스트(fascist)[32]이든 공산주의자이든 — 과의 경쟁에서 대체로 승리해왔다는 것이다. 경쟁에서 승리한 민주제 국가들은 때때로 다른 국가들에서 **'민주제로의 이행'**(transition to democracy)을 조장하거나 원조해왔다. 예를 들면, 제2차 세계 대전 후 패전국들인 독일, 일본, 이탈리아의 경우에 이들과의 전쟁에서 승리한 민주제 국가들 — 미국, 영국, 프랑스 등 — 은 대체로 정복한 국가들에게 독립을 부여해주는 대가로 독재를 버리고 민주제도들(democratic institutions)을 채택할 것을 요구하였다. 그러나 이론적 과제는 다른 국가에 의한 '외부적 이행'이 아니라 전적으로 **'내부적이고 자발적인 이행'**(internal and spontaneous transition)을 설명하는 것이다.

처음부터 민주적이었거나 자발적으로 민주적인 국가들이 '민주적 문화'나 '사심 없는 지도자들'을 가지고 있었기 때문이라고 주장하는 것은 쉬운 일이다. 그러나 이 주장은 특별히 꾸며낸 둔사(遁

---

32 **[역주]** 파시즘(Fascism)이란 제2차 세계 대전 전의 이탈리아 파시스트당의 주의를 말하며, 널리 '독재적 국가주의'를 말함. 또는 제1차 세계 대전 후 이탈리아에서 무솔리니(Mussolini, 이탈리아의 독재 정치가, 1883~1945년)를 중심으로 하여 일어난 주의를 말함. 정치적으로는 독재주의를, 경제적으로는 노사 협조주의를, 대외적으로는 민족주의 · 조국 지상주의를 주장함.

辭)[33]에 불과하다. 따라서 우리의 과제는 **"매우 단순한 이론"**(parsimonious theory)을 바탕으로 **'민주제로의 자발적 이행'**(spontaneous transition to democracy)을 설명하는 것이다. 이제 그 이론을 간단히 설명해 보자.

그 이론 ― **'민주제로의 자발적 이행 이론'** ― 이 제시하는 바에 따르면 **'민주제의 자발적 출현'**(spontaneous emergence of democracy)에 대한 설명의 핵심은 전제정치를 낳는 평범한 조건들이 "존재하지 않는다"에 있다. 즉, 전제정치의 탄생을 설명하는 흔해빠진 조건들이 존재하지 않는다. 그러면 우리의 과제는 (i) 전제군주의 타도를 주도한 어떤 지도자가 자신이 왜 다음 독재자가 되지 않는지 또는 (ii) 어떤 전제군주를 타도한 공모자들의 집단이 왜 지배정권(ruling junta)을 만들지 않는지를 설명하는 것이다. 외관상 전제군주를 타도한 지도자나 공모자 집단이 타도(혁명)에 성공한 후 자신이 새로운 전제정권을 수립하는 것이 옳은 것처럼 보인다. 이제까지 우리는 (i) 전제정치가 매우 이로운 정부 형태이고, (ii) 대부분의 쿠데타와 대변동의 장본인들이 자신을 독재자(전제군주)로 임명해왔다는 것을 목격해왔다. 이러한 경우에 어떻게 민주제가 자발적으로 출현하는가? 따라서 여기서 내가 제시하는 **단순한 이론**에 따르면 '전제정

---

33 **[역주]** '둔사'란 관계나 책임을 회피하려고 억지로 꾸며 하는 말을 말함.

권의 타도를 획책한 개인이나 사람들 또는 집단의 지도자들이 또 다른 전제정부를 수립할 수 없을 때'[34]에 **민주제가 자발적으로 출현될 것**이라고 예측할 수 있다. 그러므로 여기에서 제시하는 **나의 이론**으로부터 "힘의 균형이나 교착 상태를 가져다주는 '역사의 우연'에 의해 전제정치가 방지되고 민주제가 허용된다"는 사실을 추론할 수 있다. 여기서 교착 상태(stalemate)란 어느 한 지도자나 집단이 다른 모든 사람들을 제압하지 못하게 하는 힘과 자원의 분산을 의미한다.

그러나 이러한 추론은 우리들에게 '독창적인'(original) 결론을 가져다주지 않는다. 오히려 이러한 추론은 '**민주제의 출현**'(emergence of democracy)에 대한 역사와 정치학의 일부 문헌들에 나타난 주요 귀납적 연구 결과들 중 하나를 직접적으로 나타내주고 있다. 본 논문에서 제시한 내 이론이 옳다면 그 유명한 영국 역사에 대한 "휘그당[35]의 해석"(Whig interpretation)과 일부 정치학자들 — 예를 들면, 달(Robert Dahl, 1971)이나 특히 반해넌(Tatu Vanhanen, 1989) — 이 주장한 '민주제의 설명'에 상당한 일리가 있을 것이다. 또한 여기서 제시하는 나의 이론이 옳다면 민주제의 출현이 위에서 설명한 (i)

---

34 **[역주]** 물론 그들이 '또 다른 전제정부를 수립하면' 그들에게 이익이 될 것이다.

35 **[역주]** 휘그당(Whig party)은 영국에서 17~18세기에 대두한 '의회주의 정당'으로서 토리당(Tory party)과 대립하여 민중의 권리와 의회의 우월을 주장하고 비(非)국교도를 옹호함. 19세기에 지금의 자유당(Liberals)이 되었음.

'역사적 조건들'(historical conditions)과 (ii) 어느 한 지도자나 집단이 모든 힘을 행사하지 못하게 하는 '자원의 분산들'(dispersions of resources) 때문이라고 주장하는 연구문헌들도 '옳을' 것이다.

그러나 엄격한 연구를 위하여 다시 **나의 이론**으로 되돌아갈 필요가 있다. 우선, 힘(권력, 세력)의 균형(balance of power)이 민주제 출현에 완전한 조건인가? 어느 한 지도자나 집단이 넓은 지역이나 관할 구역을 완전히 지배하지 못하게 하는 **'힘의 균형'** 이 존재할 때조차도 각 집단의 지도자는 자신을 **'작은 영토(領土)의 전제군주'** 로 임명하여 군림할 수 있다. 넓은 지역에 걸쳐서 **'힘과 자원의 분산'** 은 다수의 **'소규모 전제정부들'** (small-scale autocracies)을 가져다줄 수 있다. 따라서 이것은 여전히 민주제(democracy)가 아니다. 그러나 여러 경쟁적인 집단들이 넓고 잘 구획된 영토에서 함께 뒤섞여 다툰다면 **'작은 전제정부들'** (small autocracies)은 존재하지 않을 것이다. 또한 소규모 전제정부를 수립할 수 있는 지도자들이 다른 전제군주들에 의한 침략 때문에, 또는 다른 이유로 그 소규모의 영토가 존속되지 못할 것이라고 믿는 경우에도 **'작은 전제정부들'** 은 존재할 수 없을 것이다.

만약 선거구들(constituencies)이 뒤섞여 있거나 어떤 다른 이유로 하나의 영토를 **'소(小)전제정부들'** (miniautocracies)로 분할하지 못한다면 힘의 균형 하에서 각 집단의 지도자가 할 수 있는 최선의 선택은 **'권력 분담'** (power sharing ; **권력 공유**)이다. 또한 어느 한 지도자가 다른 지도자들을 압도하지 못하거나 자신의 추종자들을 어느 한 독립된 지역으로 분할하지 못한다면 그때의 대안은 (i) 무익한 싸움에 돌입하거나 (ii) 상호 관용하면서 정전(停戰)에 이르는 것이다. 이러한 상황에서 평화적 질서(peaceful order)와 다른 공공재들의 공급은 집단의 모든 사람들에게 이로울 것이다. 따라서 여러 집단의 지도자들은 그러한 공공재의 공급을 위한 **'상호 만족스러운 협정'**(mutually satisfactory arrangements)을 맺으려는 유인을 가질 것이다. 그로 인해 평화적 상황들이 주어진다면 각 집단의 지도자들과 회원들은 다른 사람들과 **상호 이익이 되는 계약**(mutually advantageous contracts)을 맺을 수 있게 됨으로써 커다란 이익을 얻을 것이다. 그에 따라 공평하고 독립된 사법 제도를 수립함으로써 모든 사람들에게 공동이익이 발생한다. 또한 여러 집단들이 있으면 선거 결과가 어떻게 나올지 미리 알 수 없지만 **각 집단은 다른 집단들과 '연합'함으로써 어느 한 다른 집단이 선거를 계속 지배하지 못하도록 할 수 있다.** 따라서 여러 집단의 지도자들 간의 **'합의에 의한 협정'**(consensual agreements)뿐만 아니라 **'선거'**도 각 집단의 지도자들과 회원들의 이익과 일치할 수 있다.

꽤 많은 수의 **민주제 정부들**(democracies)이 있지만 **전제정부**(autocracy)**로부터 민주제 정부**(democracy)**로 자발적**(spontaneous)**이고 완전히 자율적인**(autonomous) **이행들**은 그리 많지 않았다. 전제정부로부터 민주제로의 자발적인 이행이 왜 어려운가? 민주제는 왜 자발적으로 출현하는가? 근대 민주제 정부들은 본 논문에서 제시하는 **'민주제로의 자발적 이행' 주장**에 부합하는가? 영어권 세계에서 대부분의 **민주제 정부들**은 17세기 말 영국에서 출현한 **'다원론'(pluralism)**[36]과 **'민주주의'(democracy)**[37]의 덕택에 생겨났다. 따라서 이러한 민주제 정부들은 대개 여기서 제시하는 '민주제로의 이행'에 대한 나의 주장에 대해 완전히 독립적인 검증을 받을 필요가 없다. 왜냐하면 근대 민주제 정부들은 전제정부로부터의 이행이 아니라 17세기 말 영국에서 출현한 다원론과 민주주의에 바탕을 두고 있기 때문이다.

다행히 1969년 영국의 **명예혁명**(Glorious Revolution, 1688~1689년)에 의한 최초의 민주제 출현은 현재의 이론이 예측하는 **'민주적 이행의 논리'**(logic of democratic transition)에 잘 부합된다. 또한 그 후 '매우 제한된 선거권을 가진 민주제'에서 '보통 선거권을 가진 민주제'로의 매우 점진적인 이행도 현재의 '민주적 이행의 논리'에 잘 부합된다. 영국의 경우 내전들[38](civil wars)에서 영원한 승자들은 없었

---

36 **[역주]** 다원론(多元論)이란 세계를 구성하는 여러 가지의 본원적인 독립된 실재를 인정하고 세계의 본원은 이 다수의 실재에 있다고 하는 세계관을 말함.

37 **[역주]** 민주주의(民主主義)란 주권이 국민에게 있으며 국민에 의해 국민을 위하여 정치를 행하는 주의를 말함.

38 **[역주]** 1642~1646년과 1648~1652년에 있었던 찰스 1세(Charles I)와 의회와의 싸움을

다. 왜냐하면 영국의 신교 교회(Protestantism) 내에서의 상이한 성향들과 서로 연관되어 있는 경제적 · 사회적 세력들이 거의 대등하게 경쟁하였기 때문이다. 그로 인해 서로 간에 희생이 큰 수많은 싸움들이 있었고, 확실히 올리버 크롬웰[39](Oliver Cromwell, 1599~1658년) 이후에 어느 누구도 다른 모든 사람들을 격퇴시킬 강력한 힘을 가지고 있지를 못했다. 복위된 스튜어트 왕가의 왕들[40](Stuart kings)은 그러한 힘을 가지고 있었을지 모르지만, 그들의 많은 실수들과 적들을 뭉치게 한 — 즉, 늘 서로 싸우는 거의 모든 신교도들과 자신들과 반대되는 다른 정치적 성향(political tendencies)의 사람들을 궁극적으로 뭉치게 만든 — 선택들은 그들에게 마침내 완전한 패배를 가져다 주었다.

그 당시 어떤 승리한 지도자들, 집단들 또는 정치적 성향들도 다른 모든 사람들에게 자신의 의지를 강요하거나 새로운 전제정부를

말함.

39 **[역주]** 올리버 크롬웰은 영국의 정치가 및 군인으로 청교도였음. 찰스 1세(Charles I, 1600~1649년)를 처형하여 영국을 한때 공화국으로 만듦.

40 **[역주]** 스튜어트 왕가의 왕들이란 1603~1714년 동안 잉글랜드를 지배한 왕들로서 제임스 1세(James I, 스튜어트가의 초대 영국왕, 1566~1625년), 찰스 1세와 2세(Charles I & II), 제임스 2세(James II, 1633~1701년), 메리(Mary), 앤(Anne, 스튜어트 왕가의 마지막 왕, 1665~1714년)을 말함. 또한 '왕정복고'(王政復古, Restoration)란 영국에서 1660년에 찰스 2세(Charles II, 1630~1685년)의 국왕 즉위를 말함. 1660~1688년을 영국에서 '왕정복고 시대'라 부른다. 왕정복고란 공화 정체나 그 밖의 다른 정체가 폐지되고 옛날의 군주 정체로 되돌아가는 일을 말한다.

세울 만큼 강력하지 못했다. 또한 어느 누구도 윌리엄(William)과 메리(Mary)에게 새로운 전제정부를 수립할 힘을 부여해주려 하지 않았다. 당시 힘을 가진 지도자들과 집단들 각각이 할 수 있는 최선의 선택은 (i) 그들 모두를 포함하는 하나의 '의회'(Parliament)에 의한 지배에 대해 합의하거나 (ii) 독립 사법부와 권리장전(Bill of Rights)을 통해 다른 사람들의 힘에 어느 정도 대비하는 것이었다. (선거권의 확대는 여기서 언급하기에는 내용이 너무 길다. 그러나 어떤 사회가 확실히 비(非)전제적이고 다원론적이라면 선거권이 어떻게 확대되는지를 보는 것은 그다지 어렵지 않다. 예를 들면, 추가 집단들은 선거권이 부여된 사람들과 이로운 상호작용을 할 뿐만 아니라 그들에게 억압 비용도 가져다줄 것이다. 이러한 상황에서 추가 집단들이 선거권이 부여된 사람들과의 이로운 상호작용을 어떻게 더 보편적 선거권으로 확대시킬 수 있는지를 보는 것은 어렵지 않을 것이다.)

신중히 구속받는 군주제, 독립 사법부, 권리장전 하에서 당시 영국 국민들은 때가 되자 계약 이행과 사유 재산권에 대해 상당한 자신감을 갖게 되었다. 즉, 영국 국민들은 (i) 자신들이 맺는 모든 계약들이 공정하게 이행될 것이며, (ii) 심지어 정부의 비평가들에 대해서도 사유 재산권들이 비교적 안전하였다고 상당한 자신감을 가지게 되었다. 영국에서 재산과 계약 이행에 대한 개인의 권리들은 1689년 이후에 이르러서야 세계 어느 나라에서보다 더 안전하였다.

그로 인해 **산업혁명**(Industrial Revolution)이 명예혁명 후 오래 지나지 않아 최초로 바로 '영국'에서 일어나게 되었다[41].

미국의 경우는 어떤가? 미국에서(그리고 영국의 식민지였던 호주와 캐나다 등에서) **'민주적 국민 정부'**(democratic national government)의 출현은 부분적으로 영국의 사례나 그 영향 때문이었다. 그러나 그것은 부분적으로 미국에서 다른 사람들을 억압할 수 있었던 어느 한 집단이나 식민지 정부(colonial government)가 없었기 때문이었다. 또한 미국 내 13개 영국 식민 주(州)들[42]은 심지어 노예제와 종교 등과 같은 중요한 문제들에 대해서도 서로 간에 입장이 크게 달랐다. 이들 중 어느 주도 다른 주들을 지배할 힘을 가지고 있지 못했다. 다른 식민 주들은 일반적으로 영국 지배 하에서 상당한 정도의 **'내부 민주제'**(internal democracy)를 경험하였다. 많은 식민지들도 그들이 가진 상이한 종교적 · 경제적 집단들 때문에 내부적으로 매우 달랐다. 물론 미국 헌법의 많은 설계자들도 전제정치를 방지하는 **'권력의 분산'** — 즉, **'견제와 균형'**(checks and balances) — 을 보

---

41 [원문 각주 13] 중세 및 근대 초기 유럽에서 '민주적 또는 덜 전제적 체제들'에서 어떻게 도시의 성장이 훨씬 더 컸었는지를 보여주는 놀라운 증거가 있다. 이를 보려면 DeLong & Schleifer(1992)의 연구를 참고하기 바란다. 사실상 DeLong & Schleifer의 논문은 본 논문에서 내가 주장한 '민주제의 이점'에 대한 역사적 검증이다.

42 [역주] 미국 독립 이전의 동부 13개 주의 영국 식민지였으며 이들 주에 의해 독립 후 미합중국이 건설됨.

유해야 하는 중요성에 대해 잘 알고 있었다.

VIII. 전제정치제와 민주정치제에서의 상이한 진보(발전)의 원천 : 전제정부와 민주정부에서 진보(발전)의 원천은 왜 다른가?

〈주요 키워드〉

- **민주제**(democracies) = 민주정치제
- **개인의 권리** : '영속적 민주제'를 유지하는 데 필요할 뿐만 아니라 '재산과 계약 이행의 안전한 권리'를 위해서도 필요하다.
- **영속적 민주제**(lasting democracy)
- **"권리를 존중하는 민주제"**
- **장기적 경제발전**

인간의 본성(human nature)이 매우 복잡하고 사람들은 단순히 순수한 동기로 행동하지 않기 때문에 이제까지 본 논문에서 내가 제시한 이론을 개발하기 위해 사용해온 **'합리적 사익 추구'**(rational self interest)라는 가정은 분명히 현실을 제대로 나타내기에는 너무 단순하다. 그러나 앞에서 사용한 풍자적 가정 — 즉, 방랑산적과 정주산적의 경우 — 은 복잡한 현실을 '단순화'할 뿐만 아니라 '불편부당의 요소'[43]를 내포하고 있다. 즉, 사람들 간에 '동일한 동기부여'가 모든

---

43 [역주] '합리적 사익 추구' 가정이 전제정치와 민주제 중 어느 한 체제를 선호하지 않아야 함을 의미함.

체제에서 가정되었다. 그래서 이로부터 유도되는 결과들은 아마 더 복잡하고 더 현실적인 행동 가정들 하에서도 유지될 만큼 견고할 것이다.

또한 단순한 가정들은 다음과 같이 두 체제를 비교하는 데에도 유용하다. **전제정치제**(autocracy, **독재정치제**)와 **민주정치제**(democracy) 모두를 공정하게 다루기 위해 동일한 동기부여 가정과 동일한 이론을 사용함으로써 우리는 전제정치제와 민주정치제 하에서의 (i) **경제성장 원천**(sources)**의 주요 차이**와 (ii) **진보(발전)의 장애물들**을 잘 설명할 수 있다. 우선, 전제정치제의 경우를 살펴보자. 전제정치제의 경우 **평화적 질서와 다른 공공재들을 공급해주는 '원천'**과 또한 이러한 공공재들이 가져다주는 **사회적 진보**(social progress)**의 '원천'**은 바로 **전제군주(독재자)가 가지는 "포괄적 이해관계"**(encompassing interest)에 있다. 반면에 **전제정치제**에서 **장기 진보**(long-run progress)**에 대한 주요 장애물**은 심지어 재산과 계약과 같은 비교적 비(非)정치적 또는 경제적 문제들에 대한 **개인의 권리들이 장기적으로**

전제정치의 진보 원천과 장애물

진보의 원천	진보의 장애물
전제군주(독재자)가 가지는 "포괄적 이해관계"(encompassing interests)	장기적으로 불안전한 개인의 권리들

주 : 역자가 만든 표임.

결코 안전해질 수 없다는 데 있다.

다음으로 '민주정치제'의 경우를 살펴보자. **민주정치제(民主政治制)도 "포괄적"(encompassing) 관청들과 정당들로부터 커다란 이익을 얻을 수 있다.** 그러나 이러한 사실은 실제로 결코 충분히 이해되지 못하고 있다(이에 대해서는 Olson(1982, 1986)[44]을 참고하기 바람). 또한 **오랫동안 안정된 민주정치제**(long-stable democracy)에서 **'좁고 특별한 이익집단'**(narrow and special interests ; **'협특(狹特)한 이익집단'**)이 경제정책 결정을 지배하지 못하게 하는 데 놀라운 어려움들이 있다는 사실도 충분히 이해되지 못하고 있다. 다른 한편으로 민주정치제는 그 지도자들에 의한 사회적 잉여의 상당한 착취를 막는 데 커다란 이점을 가지고 있다. 또한 민주정치제는 다음과 같은 특별한 장점을 가지고 있다. 즉, **영속적 민주제**(lasting democracy)를 유지하는 데 필요한 **'개인의 권리'**(individual rights)에 대한 강조는 동시에 **재산과 계약 이행에 대한 안전한 권리**(secure rights)를 보장하기 위해서도 필요하다. 다시 말하면, 민주정치제에서 "개인의 권리"는 '영속적 민주제'를 유지하는 데 필요할 뿐만 아니라 '재산과 계약 이

---

44 [역주] Olson, Mancur (1982), *The Rise and Decline of Nations*, New Haven : Yale University Press ; Olson, Mancur (1986), "A Theory of the Incentives Facing Political Organizations : Neo-corporatism and the Hegemonic State," *International Political Science Review*, Vol. 7, pp. 165～189.

행에 대한 안전한 권리'를 보장하는 데에도 필요하다. 민주제를 영속하는 데 '개인의 권리'가 필요하고, 또한 재산과 계약 이행의 안전을 위해서도 '개인의 권리'가 필요하다. 마지막으로, 민주정치제에 대한 도덕적 매력은 현재 거의 보편적으로 인정받고 있다. 그러나 본 논문에서 제시한 **민주제의 "경제적" 이점들**은 거의 잘 이해되지 못하고 있다.

참고문헌

Banfield, Edward (1958), *The Moral Basis of a Backward Society*, Glencoe, IL : Free Press.

Carniero, Robert L. (1970), "A Theory of the Origin of the State," *Science*, Vol. 169, pp. 733~738.

Clague, Christopher and Gordon Rausser, eds. (1992), *The Emergence of Market Economies in Eastern Europe*, Cambridge : Basil Blackwell.

Dahl, Robert (1971), *Polyarchy, Participation and Opposition*, New Haven : Yale University Press.

DeLong, J. Bradford and Andrei Schleifer (1992), "Princes and Merchants : European City Growth before the Industrial Revolution," Harvard University, mimeo.

Hardin, Russell (1982), *Collective Action*, Baltimore : Johns Hopkins University Press.

Hobhouse, L. T., G. C. Wheeler and M. Ginsberg (1965), *The Material Culture and Social Institutions of the Simpler Peoples*, London : Routledge and K. Paul.

Kalduhn, Ibn. (1967), *The Muqaddimah, an Introduction to History*(1375), translated by Franz Resenthal, Princeton : Princeton University Press, pp. 230~231.

Kiser, Edgar and Yoram Barzel (1991), "Origins of Democracy in England," *Journal of Rationality and Society*, Vol. 3, No. 4, pp. 396~422.

Lake, David A. (1992), "Powerful Pacifists : Democratic States and War," *American Political Science Review*, Vol. 86, pp. 24~37.

Murrell, Peter and Mancur Olson (1991), "The Devolution of Centrally Planned Economies," *Journal of Comparative Economics*, Vol. 15, pp. 239~265.

North, Douglass (1981), *Growth and Structural Change*, New York : Norton.

North, Douglass and Robert Thomas (1973), *The Rise of West*, Cambridge : Cambridge University Press.

Olson, Mancur (1965), *The Logic of Collective Action*, Cambridge : Harvard University Press.

____________ (1967), "Some Historic Variation in Property Institutions," Princeton University, mimeo.

____________ (1982), *The Rise and Decline of Nations*, New Haven : Yale University Press.

____________ (1986), "A Theory of the Incentives Facing Political Organizations : Neo-corporatism and the Hegemonic State," *In-*

ternational Political Science Review, Vol. 7, pp. 165~189.

____________ (1990), "The Logic of Collective Action in Soviet-type Societies," *Journal of Soviet Nationalities,* Vol. 1, No. 2, pp. 8~33.

____________ (1993), "From Communism to a Market Democracy," Center for Institutional Reform and the Informal Sector, typescript.

Sandler, Todd (1992), *Collective Action : Theory and Applications*, Ann Arbor : University of Michigan Press.

Schumpeter, Joseph (1991), "The Crisis of the Tax State," in *Joseph A. Schumpeter : The Economics and Sociology of Capitalism* (1918), ed. Richard Swedberg, Princeton : Princeton University Press, pp. 99~140.

Sheridan, James E. (1966), *Chinese Warlord : The Career of Feng Yu-hsiang*, Stanford : Stanford University Press.

Vanhanen, Tatu (1989), "The Level of Democratization Related to Socioeconomic Variables in 147 States in 1980-85," *Scandinavian Political Studies*, Vol. 12, pp. 95~127.

▶ 풍옥상은 1922년 5월 14일 하남 독군(督軍)으로 취임하였다. 그는 하남성 안정을 위한 개혁을 추진하였다. 적극적인 이재민 구휼과 불법적 징수 금지, 호구조사 실시, 치안 강화, 탐관오리 척결, 공장 건설, 수로와 도로 정비, 아편 금지 등의 공약을 내걸었다. 풍옥상의 공약은 결코 공약(空約)이 아니었는데, 그는 말만이 아니라 실제로 강력하게 개혁을 추진하여 주민들의 지지는 얻었지만 다른 기득권들의 반발을 샀다.

▶ 풍옥상은 북경 근무 시 시내의 기생굴, 아편굴을 퇴치하고 전사한 부하들을 위한 사당을 지었으며 약탈을 엄격히 금했다. 백성들을 뜯어먹고 아편을 팔아 군자금을 마련하는 걸 당연하게 생각하던 당시 군벌들로서는 풍옥상의 이런 개혁조치는 그야말로 파격적이었다.

▶ 펑위샹의 개혁적인 성향은 1922년 5월 9일 결정한 개혁안에 나타나 있다.

- 전쟁지역의 이재민을 구휼하여 잘 흩어지지 않도록 할 것.
- 조세행정을 정돈하고 불법적인 징수를 금지할 것.
- 호구조사 등을 통해 토비의 근원을 제거할 것.

– 순집대(독군 짜오티의 개인 무장 조직)를 정돈하여 개편할 것.

– 탐관오리 등을 체포하여 일반 국민을 안심시킬 것.

– 공장을 건설해 유민을 수용할 것.

– 수로를 정돈하여 교통을 편리하게 할 것.

– 의무교육을 실시하여 계몽에 나설 것.

– 아편, 도박, 매춘을 엄격히 금지할 것.

– 변발과 전족 등의 악습을 없앨 것.

▪ 군벌

'군벌'(軍閥, warlord)은 군대의 상부층이 자기가 가진 군사력을 배경으로 정부 · 의회에 대하여 상대적 독자성을 갖고 강대한 권력과 정치권력을 장악한 경우를 말한다. 무장한 군대를 갖추고 특정 지역을 군사적으로 지배하며, 일반적인 경우 군벌은 공식적인 지위에 비해 실질적으로 갖고 있는 권력이 훨씬 크다.

흔히 '군벌주의'라는 개념과 함께 쓰인다. 군벌주의라는 용어는 위안스카이의 죽음 이후 중국에서 벌어진 혼란 상태를 묘사하기 위해 처음 도입되었다. 그러나 비슷한 현상은 다른 시대와 국가에서도 흔히 볼 수 있기 때문에 점차 뜻이 넓어졌다. 중국의 삼국 시대나 일본의 센고쿠 시대, 현대의 소말리아와 아프가니스탄에 군벌이 존재한다.

▪ **군벌 시대**

중국의 군벌은 1912년 청나라가 멸망한 이후 군사력을 기반으로 전국 또는 지방의 일부에 웅거하면서 실질적으로 권력을 행사한 중국의 고급 군인 및 그들의 병력을 뜻한다. 군벌주의 등의 표현에서 쓰이는 사전적 의미의 군벌과 일본의 군벌 등하고는 차이가 있다.

〈1925년 당시의 중국대륙의 군벌 세력〉

출처 : 위키백과

2. 애덤 스미스의 “보이지 않는 손”(invisible hand)

“It is not from the benevolence of the butcher, the brewer, or the baker, that we expect our dinner, but from their regard to their own interest. We address ourselves, not to their humanity but to their self-love, and never talk to them of our necessities but of their advantages”.

— *The Wealth of Nations*

[이성규(2018) 번역]

“우리가 맛있는 저녁식사를 할 수 있는 것은 정육점 주인이나 양조업자 또는 빵집 주인의 ‘자비심’(benevolence) 때문이 아니라 ‘그들 자신의 이익’에 대한 그들의 관심 때문이다. 따라서 우리가 맛있는 저녁식사를 하려면 그들의 자비심(humanity)이 아니라 그들의 이기심(self-love)에 호소해야 하며, 우리 자신의 필요성이 아니라 그들의 이익에 호소해야 한다”.

— 『읽기 쉬운 국부론 요약』, 이몬 버틀러 저, 이성규 옮김, 율곡출판사, 2015년.

[김수행(2013) 번역]

"우리가 매일 식사를 마련할 수 있는 것은 푸줏간 주인과 양조장 주인, 그리고 빵집 주인의 자비심 때문이 아니라, 그들 자신의 이익을 위한 그들의 고려 때문이다. 우리는 그들의 자비심에 호소하지 않고 그들의 자애심에 호소하며, 그들에게 우리 자신의 필요를 말하지 않고 그들 자신에게 유리함을 말한다".

— 『국부론 상권』, 김수행 역, 비봉출판사, 2013년, 19쪽 상단 3~7행.

[김경환 · 김종석(2005) 번역]

"푸줏간 주인, 양조장 주인, 빵 굽는 사람들의 호의 때문에 우리가 오늘 저녁을 먹을 수 있는 것이 아니라, 그들이 자신의 이익을 위해 일하기 때문인 것이다".

— 『맨큐의 경제학』, 맨큐 지음, 김경환 · 김종석 옮김, 교보문고, 2005년, 13쪽.

3. 멘서 올슨의 "보이지 않는 손의 첫 번째 축복"(the first blessing of invisible hand)

"방랑산적단의 합리적이고 이기적인 두목(군벌)은 마치 '보이지 않는 손'에 이끌려 점령지역에 정주해서 왕관을 쓰고(즉, 자신을 왕이라고 선포하고) 무정부(無政府)를 '정부'(government, **[역주]** 국가의 통치권을 행사하는 기관. 곧 입법 · 행정 · 사법의 세 기관을 포함한 국가의 통치 기구를 총칭함.)로 대체한다".

The rational, self-interested leader of a band of roving bandits is led, as though by an invisible hand, to settle down, wear a crown, and replace anarchy with government.

4. 휘그적 역사 해석[1]

(1) 휘그적 역사 해석(Whig interpretation of history)

영국의 저명 역사가인 **허버트 버터필드(Herbert Butterfield)**는 1931년에 **『휘그적 역사 해석』(Whig interpretation of history)**을 저술하였다(*The Whig interpretation of history*, Herbert Butterfield, New York : Norton, 1931, 1965.).

근대 이전의 역사관은 '폐쇄회로' 형태가 지배적이었다. 즉, "하늘 아래 어느 것도 전혀 새로운 것은 없다"는 생각이다. 어떤 상황이 닥쳐도 '역사 속에서' 그 모

1 **[역주]** 여기서의 내용은 독자의 이해를 위해 역자가 '인터넷'을 통해 찾은 일반적 내용을 간단히 정리하였다.

델을 찾을 수 있다는 믿음이다. 그런데 산업혁명 이후에는 문명이 무한히 발전해 나간다는 **"진보사관"이 곧 '휘그적 역사 해석'**(Whig interpretation of history)이다.

잉글랜드에서는 17세기 초 스튜어트 왕조 군주들의 왕권신수설 시도가 잉글랜드 내전(1641~1651년)으로 초전에 박살나고 말았다. 1801년 토리당(Tory) 의원들이 휘그당(Whig) 의원들을 "자유주의자"(liberals)라 부른 데서 자유주의의 실체가 나타났다. 당시 토리당 의원들이 이 말을 쓴 것은 혐오감을 담기 위해서였다. 전통과 질서를 무시하는 '방종한 자들'이란 뜻이었다. 휘그당 의원들이 "그래, 우린 자유주의자야!"하고 냉큼 받아친 것은 계몽사상이 '자유'의 관념을 높여주었기 때문이다. '자유'와 함께 19세기 유럽에서 맹목적 숭배의 대상이 된 것이 '진보'였다. 반대로 '정체'(停滯)는 경멸의 대상이었다. 바뀌면 무조건 좋은 것이고 바뀌지 않으면 무조건 나쁜 것, 이것은 **역사를 '무한한 진보의 과정'**으로 보는 것이 **"휘그적 역사 해석"**(Whig interpretation of history)이다.

18~19세기는 물론 20세기 중반까지 영국사 해석에 있어서 가장 막강한 영향력을 미친 것은 이른바 **"휘그 사관"**(Whig history)이라고 불리는 역사관이다. 휘그 사관은 한마디로 표현하면 **'진보사관'**이다. **영국의 역사는 '입헌군주제, 의회민주주의, 개인의 자유를 위한 걸음'이었다는 해석**이다. 휘그 사관에 따르면 이러한 진보의 걸음을 이끌었던 중요

한 원동력은 **'영국의 프로테스탄트화'** 였다 영국의 역사 전체를 '필연적으로 도달할 수밖에 없는 목표들'을 위한 진보의 과정으로 해석하다 보니 그것에 반대되는 요소들은 철저히 역사의 반동으로 낙인찍히고 폄하되어 왔다.

(2) 휘그주의 역사(Whig history)

'휘그주의 역사'는 과거를 더 많은 자유와 계몽을 향한 필연적인 전진으로 해석하는 역사학의 관점이며, 현대적 형태의 자유민주주의와 입헌 군주제로 그 정점에 도달하기 마련이라고 주장한다. 일반적으로 휘그파 역사가들은 입헌군주제 정부, 개인의 자유, 과학의 진보를 강조한다. 이 용어는 자주 일반적으로 (때로는 부정적 의미로) 과거를 계몽을 향한 가차 없는 '진보적 전진'으로 소기하는 역사가들을 일컫는 것이다. 이 용어는 또한 과학의 역사에서 현재의 과학에 이르게 된 이론과 실험의 성공적인 연쇄에 초점을 맞추지만, 실패한 이론이나 막다른 지경에 다다른 역사는 무시한다. 휘그주의 역사는 일종의 '자유주의'이며, 인간의 '이성'에 대한 믿음을 강조하며 과거의 역사와 전통과 관계없이 인간이 이성을 통해서 더 나은 사회를 만들 수 있다고 본다. 이는 인류의 필연적인 '진보'로 증명된다는 것이다.

"휘그주의"(Whigism) 역사의 반대는 보수주의 역사인 "토리주의"(Toryism) 역사이다. 영국 역사가 테일러(A. J. P. Taylor)에 따르면 토리주의는 인류의 본질에 대한 의심에 기초한다. 토리주의 역사관은 진보를 불신하고, 전통적인 제도에 집착하고, 미래보다는 과거를 더 선호한다.

(3) 역사서술학(Historiography)

역사적 지식은 두 가지 차원을 따라 일어나는데, 한편으로 역사가는 모든 사람이 기여하는 '공통 역사'를 전제하기도 하고, 다른 한편으로는 역사의 '승자의 입장'에서 역사를 쓰기도 한다. 1930년대에 **허버트 버터필드(Herbert Butterfield)**는 **"휘그주의적(Whig) 역사서술학"**과 **"토리주의적(Tory) 역사서술학"**을 각각 공통 역사의 승자들과 패자들의 입장으로 유용하게 구별했다.

'휘그주의적 역사서술학'과 '토리주의적 역사서술학'이라는 버터필드의 신조어 배후에 있는 공통 역사는 17세기 영국의 왕에 대한 의회의 지배를 포함한다. 군주주의적 토리당에게 이것은 자연 질서가 파편화되고 혼돈으로 떨어지는 이야기였던 반면에, 의회를 옹호한 휘그당에게 그것은 만인을 위한 평화로운 기획과 번영으로 귀결된 자유의 확산에 대한 걸림돌의 제거를 의미한다. 다시 말해서, 휘그당과 토리당은 서로를 같은 역사 서사의 주역들로 인식했지만, 그들은 그 서사의 줄거리를 본원적으로 다른 견지에서 해석했다. 구체적으로 휘그당이 자유를 본 곳에서 토리당은 타락을 보았고, 토리당이 질서를 본 곳에서 휘그당은 정체를 보았다. 토리당에게 휘그당은 군주제의 약점의 운 좋은 수혜자들이었지 역사적 운명의 파도를 올라탄 자들이 아니었다. 휘그당이 역사의 문자를 통제했다면, 토리당은 유배당한 역사의 정신에 대한 권리를 주장했다.

'휘그주의적 역사서술학'은 기독교의 해방 이야기에서 종교적 선례들이 있으며, 근대 특유의 진보에 관한 서사이다. 그것의 요소들은 애덤 스미스, 헤겔, 마르크스, 그리고 밀과 같은 사상가들에서 발견될 수 있다. 이의 정치적 기원에도 불구하고 오늘날 휘그주의적 역사서술학은 정치보다 과학에 관한 해설에서 발견되지만 민주주의에 관한 희망에 찬 몇몇 역사들은 계속 '휘그주의적'이다.

5. 왕의 안녕

최근 유명 소설가인 성석제가 쓴 **『왕은 안녕하시다 2』**(2019년)에 다음과 같은 재미있는 표현이 있다.

> 벌의 집단에서는 여왕벌이 늙고 건강이 나빠지면 **'Queen-right'(여왕벌의 건재에서 나오는 힘)**가 약화된다. 시녀벌 십여 마리는 여왕벌에게 일상적으로 더듬이를 갖다대서 얻는 페로몬을 둥지 곳곳에 퍼뜨리는 전령 역할을 한다. 그 페로몬을 통해 집단 전체에 여왕의 힘이 약화된 것이 알려지고 준비된 여왕 후보군에서 새로운 여왕벌을 빨리 만들어내지 못할 경우 그 집단은 멸망의 길로 향

하게 된다. 다급하면 원래 암컷이었던 일벌들이 여왕벌로 변신하기도 하는데 여왕벌 같은 역할을 기대할 수는 없다. 여왕벌의 '안녕'은 그만큼 전체 집단의 지속에 절대적인 역할을 한다.

조선시대에 **'왕의 안녕'**(Kingright, 이 소설을 쓰면서 떠올린 조어이며 아직 옥스퍼드 영어사전(www.oed.com)에는 등재되지 않았을 것으로 믿고 있다)은 조선 전체의 민생과 체제의 지속에 지대한 역할을 했다.

— 성석제, 『왕은 안녕하시다 2』, 문학동네, 2019년, 417~418쪽

6. 명예혁명(Glorious Revolution, 名譽革命)

1688년 11월 5일에 잉글랜드 의회와 네덜란드의 오라녜(오렌지) 공 윌리엄이 연합하여 제임스 2세를 퇴위시키고 의회 중심의 '입헌군주 정치구조'를 확립시킨 혁명을 말한다. 피를 흘리지 않고 통치자가 바뀐 혁명이었기에 '명예혁명'이라고 부른다. 이 혁명은 '의회정치'가 발달하도록 하는 데 기초를 놓은 시민혁명으로 평가받는다.

1666년에 찰스 2세가 잉글랜드 국왕으로 프랑스에서 돌아와 왕정(王政)을 회복하였다. 찰스 2세는 3년마다 한 번씩 의회를 소집하도록 규정한 1664년의 3년 회기법을 무시하고 상비군을 만들고 자의에 따라 판사를 임명하는 등 국왕의 권한을 강화하려는 시도를 계속하였다. 이러한 시도는 다음 왕인 제임스 2세(재위 1685~1688년) 때도 되풀이되었다.

'왕정복고'를 둘러싼 각 종파 간의 불안정한 대립은 왕위계승 배제 위기(1679~1681년)를 통해 표출되었다. 찰스 2세의 동생이자 합법적 왕위 계승자인 요크 공작, 즉 후일의 제임스 2세는 1670년대 초반부터 자신이 가톨릭임을 공공연히 고백해왔다. 그러자 가톨릭 군주가 신교도 국가인 영국을 통치할 것이라는 소문이 나돌면서 반가톨릭 정서가 조성되었다. 이 위기에서 의회 내의 대결은 처음으로 휘그(Whig) 대 토리(Tory)라는 구도를 취했다.

휘그당은 비국교도에 대한 관용을 주장하였지만, 토리당은 영국 국교회의 수호자를 자처하며 비국교도에 다해 반대하였다. 휘그와 토리는 모두 가톨릭에 반대했지만, 토리당에게 가톨릭보다 더 위험한 것은 휘그당과 비국교도 동맹이었다. 국내 여론의 변화와 토리당과 찰스 2세의 동맹은 휘그당과 비국교도 동맹들을 점점 더 고립시켰다. 이러한 상황에서 즉위한 제임스 2세는 가톨릭교도들을 공직에 임명하고 신앙 자유령을 선포하였다. 제임스 2세는 전통적인 동맹세력을 져버렸을 뿐만 아니라 휘그당과 비국교도의 지지도 얻지 못했다. 이러한 위기는 1688년 제임스 2세가 아들을 얻자 절정에 달했다. 잉글랜드 국민들은 이제 가톨릭 왕위 계승자를 맞게 된 것이다.

이러한 상황에서 1688년 6월 휘그당과 토리당의 귀족 당원 7명이 네덜란드 총독인 오라녜(오렌지)공 윌리엄에게 영국으로 진군해오도록 초청하였다. 윌리엄은 제임스 2세의 딸인 메리의 남편이었고 두 부부는 신교도였다. 윌리엄은 1688년 11월에 영국에 상륙하였고, 이듬해 2월 메리와 함께 '공동왕'으로 추대되었다. 제임스 2세는 프랑스로 도피하였다.

명예혁명은 영국의 정치구조를 근본적으로 뒤바꾼 중대한 사건이었다. 무엇보다 왕권과 의회의 갈등에 종지부를 찍었으며, 영국 정치의 무게 중심이 의회로 옮겨졌고, 입헌군주제의 방향으로 나아가도록 하였다. 1689년의 '권리장전'은 의회의 동의 없이는 국왕이 법을 제정하거나 없앨 수 없고, 세금을 징수할 수 없으며, 평시에 상비군을 유지할 수 없음을 규정하였다. 이로써 국왕은 주권의 일부를 상실한 반면, 의회는 자유로운 선거 및 토론의 권리와 함께 상설 의회를 요구할 수 있는 권리를 갖게 되면서 그 역할이 강화되었다. 또한 청원의 자유뿐만 아니라 법원과 관련된 규정들은 개인의 자유를 강화시키는 방향으로 나아갔다.

'명예혁명'이라는 명칭은 이러한 과정이 유혈사태 없이 이루어졌다는 데서 온 것이다. 역사가 트리벨리언(G. M. Trevelyan)은 "전쟁터나 교수대에서 영국인의 피를 흘리지 않았다"는 것이 '영국인의 진정한 명예'라고 보았다. 그런가 하면 명예혁명의 '진정한 명예'는 이 사건으로 입헌군주제 또는 의회정부가 수립되어 후대의 영국인들이 내전이나 혁명을 겪지 않고 평화롭게 살 수 있게 되었다는 데 있다고 보는 견해도 있다.

출처 : 「역사용어사전」, 서울대학교 역사연구소

7. 현실 세계에서의 사례 1

▪ '피그'로 조롱받던 포르투갈…… 각국 부유층, 돈 싸들고 몰려든다[2]

미국에서 멕시코 출신 아내와 어린 아들과 함께 살던 영국인 민간 파일럿 앤디 야쿱 씨는 2017년 도널드 트럼프 대통령이 취임한 뒤 미국 정치에 염증을 느끼고 가족과 함께 포르투갈로 이주했다. 처음에는 영국으로 돌아가려 했으나 브렉시트(Brexit, 영국의 유럽연합 탈퇴)가 그의 발길을 막았다. 스페인 바르셀로나는 거리 곳곳에 '관광객은 집으로 돌아가라'는 그라피티가 그려져 있었다. 결국 야쿱씨가 선택한 곳은 포르투갈이었다.

포르투갈은 최근 전 세계 부유층의 새로운 안식처가 되고 있다. 세계적으로 포퓰리즘과 국수주의, 인종차별 등으로 인한 극단적인 정치 분열과 이로 인한 사회 불안, 혐오 범죄 등이 곳곳에서 벌어지자 여기에 환멸을 느낀 **전문직 종사자들과 부유층들이 '치안이 좋고' '포용적인 문화'의 포르투갈로 이주**하고 있는 것이다.

포르투갈은 남유럽 재정 위기의 진원지 **'피그스'(PIGS : 포르투갈,**

---

2 조선일보, 배준용 기자, 2019년 9월 3일자.

이탈리아, 그리스, 스페인) 중 하나였다. 2008년 글로벌 금융 위기 여파와 막대한 재정 적자로 인해 2010년대 초반 극심한 경기 침체를 겪었다. 17%까지 치솟은 실업률에 조국을 등지고 해외로 이주하는 사람들이 많았다. 지금은 정반대 흐름이다. 포르투갈 정부 통계에 따르면 해외에서 포르투갈로 이주해온 사람이 2015년에 39만 명에서 지난해 48만 명으로 3년 만에 약 23%가 늘었다. '유럽 경제의 엔진'으로 불리던 독일 경제가 침체 조짐을 보이는 등 유럽 경제 전반에 먹구름이 드리우는데 **포르투갈은 지난해 2.8%의 성장률을 기록하는 등 견고한 성장세**를 보이고 있기 때문이다. 파이낸셜타임스(FT)는 포르투갈이 유럽 경제에 보기 드문 희망을 주고 있다고 평가했다.

포르투갈 경제를 견인한 주요 정책은 **외국인과 관광객들에게 '개방적이고' '포용적인' 세금 정책과 비자 제도**이다. 2011년 집권한 사민당 정권은 경제 회복을 위해 재정 지출을 삭감하는 한편 주력 산업인 관광업을 살리고 외국인 직접투자를 유치하기 위해 이민 규제를 대폭 완화하는 실용주의 노선을 택했다.

외국인 이주민이 포르투갈에 50만 유로(약 6억 7,000만 원) 이상의 부동산을 구매하거나 이에 준하는 직접투자를 하면 장기 체류 비자를 발급하는 **'골든 비자' 제도**를 마련했다. 수도 리스본의 경우 올해 초 기준으로 도심 지역 아파트는 한 평당 평균 1만 1,600유로(약 1,570만 원), 외곽 지역 아파트는 한 평당 평균 6.,600유로(약 895만 원) 정도면 구입

할 수 있다. 이 골든 비자로만 지난해까지 총 30억 유로(약 4조 625억 원)의 외국인 투자를 유치했다.

〈포르투갈의 경제성장률〉

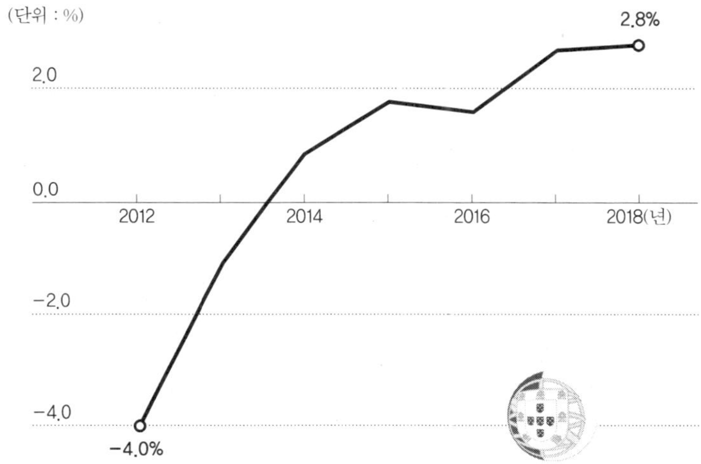

출처 : 조선일보

〈포르투갈 거주 외국인 수〉

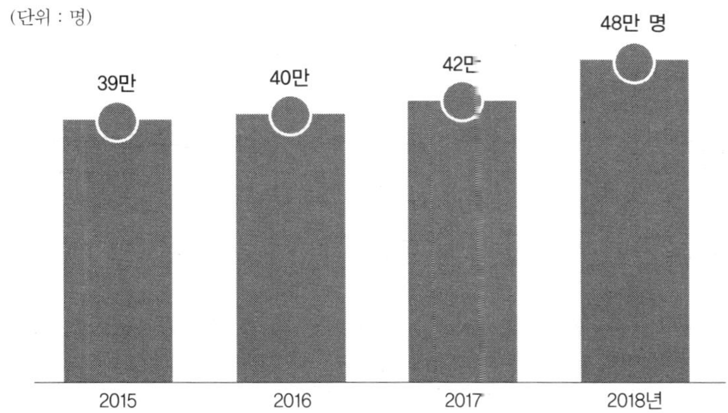

출처 : 조선일보

특히 EU 국가에서 이주한 사람에게는 연금소득에 대해 면세 혜택을 부여하면서 유럽 내 고령 연금 생활자들이 대거 포르투갈로 이주하는 추세다. 핀란드에서는 이게 사회문제로 떠오르면서 포르투갈과 체결했던 이중과세방지조약을 올해 초 파기했다.

특히 **브라질 등 살인 범죄율이 높고 치안이 불안한 중남미 국가의 부유층 중에서 포르투갈로 이주하는 사람들이 많다. 소매치기 많기로 유명한 이웃나라 스페인과 달리 포르투갈은 치안 수준이 세계적으로 높다.** 국제경제평화연구소가 국가별 사회 안전망과 치안 수준 등을 매년 평가하는 '국제평화지수'에서 포르투갈은 올해 2단계 상승한 3위를 기록했다. 1위는 아이슬란드, 2위는 뉴질랜드였다. 포르투갈은 전체 인구의 약 10%인 100만여 명이 관광업에 종사하고 있어 외국인과 이주민에게 관대하고 친절하다. 전체 인구의 약 90%가 가톨릭 신자라 종교적 배타성도 상대적으로 낮다. 유럽 대륙을 휩쓰는 극우 포퓰리즘도 이런 포르투갈에서는 별다른 호응을 얻지 못하는 분위기다. 최근 포르투갈로 이주한 브라질 출신 사업가 에두아르도 미글리오렐리 씨는 "상파울루에서는 수백 미터도 맘 편히 걸어 다닐 수 없었지만, 여기서는 자유롭게 거리를 다닐 수 있다"고 파이낸셜타임스(FT)에 말했다.

이렇게 투자 이민이 늘어나면서 포르투갈은 지난해에만 32억 5,000만 유로(약 4조 3,250억 원)의 외국인 직접투자(그린필드 FDI)를 유치했으며, 투자 건수로는 3년 전보다 무려 161% 증가했다. 유럽 국가중 가장 높은 증가세다. 파이낸셜타임스(FT)는 "**정치적 안정과 사회적 평화가 투자자·사업가들에게 이주·투자를 결정하는 중요한 요소가 되면서 포르투갈이 덕을 보는 양상**"이라고 분석했다.

8. 현실 세계에서의 사례 2

▪ 文 대통령, "함께 잘사는 포용국가"…… 경제 살리기가 관건[3]

문재인 대통령은 어제 국회 시정연설에서 '함께 잘사는 포용국가'를 국정 기본 방향으로 강조하면서 소득주도 성장을 비롯한 경제정책 기조를 밀고 나갈 것임을 분명히 했다. 대북 정책과 적폐 청산을 비롯한 대내적 정책도 큰 틀을 유지할 것임을 확인했다. 경제 상황에 대한 진단과 처방, 남북관계 급가속 등을 놓고 찬반이 계속되고 있지만 지난 1년 반 동안의 정책 방향을 고수하겠다는 의지를 천명한 것이다.

문 대통령은 "우리는 '잘살자'는 꿈을 어느 정도 이뤘으며, 경제성장률도 경제 수준이 비슷하거나 앞선 나라들과 비교해 여전히 가장 높은 편"이라며 "하지만 우리는 발전된 나라들 가운데 경제적 불평등의 정도가 가장 심한 나라가 되었다"고 했다. 이제는 분배에 공을 들여야 할 때임을 강조한 것이다.

물론 복지와 분배의 중요성은 국민 누구나 같은 생각일 것이다. 하지만 우리 경제가 성장과 복지의 팽팽한 균형 대신 복지 · 분배를 향해 전력투구해도 좋은 단계에 와 있는지에 대해선 의견이 갈린다. 문 대통

3 동아일보, 사설, 2018년 11월 2일자.

령은 어제 "여러 해 전부터 시작된 2%대 저성장이 고착화될 가능성이 높다"며 저성장 기조가 불가피함을 시사했다. 하지만 최근 한국 경제의 심각한 문제는 저성장 자체가 아니라, 성장동력이 빠르게 떨어지면서 경제성장률 전망치가 갈수록 낮아진다는 점이다. 이 때문에 현재의 성장에 만족하며 분배 중심으로 전환하는 것은 시기상조라는 지적도 나온다. 그런 점에서 분배에 비해 성장 전략이 미흡하며, 특히 미래산업 육성 등을 위한 구체적이고 정교한 전략 제시가 없었다는 점은 아쉽다. 소득불평등을 나타내는 지니계수를 보면 한국은 2016년 기준 경제협력개발기구(OECD) 36개국 중 16위로 평균보다 다소 양호한 편이다.

문 대통령은 올해보다 9.7% 늘린 470조 5,000억 원 규모의 2019년도 예산안을 국회에 설명하면서 "재정이 보다 적극적인 역할을 할 때"라고 강조했다. 공공부문에서 일자리를 늘리고 보편적 무상복지를 확대하는 정책기조가 더욱 강해질 것임을 예고한 것이다. 그런데 기획재정부가 어제 발간한 재정정책 보고서에 따르면 우리나라는 복지가 빠른 수준으로 늘면서 정부가 반드시 써야 하는 '고정적 의무지출'이 처음으로 전체 예산의 절반을 넘어섰다. 경제를 살려 파이를 키워야 복지비용도 지속 가능하게 부담할 수 있는 것이다. '함께 잘사는 포용국가'로 가려면 함께 잘살 수 있는 물질적 토대를 만드는 데 힘을 쏟아야 한다.

▪ "함께 잘살자"는 감성적 논리로는 경제난국 돌파 어렵다[4]

문재인 대통령이 어제 국회를 찾아 예산안 시정연설을 했다. 남북 관계 개선과 적폐 청산 등 다른 이슈도 있었지만 이날 연설의 관심사는 경제정책 방향 전환 여부였다. 세계 주요국의 흐름과 달리 유독 한국만 저성장 · 고실업의 고통을 겪고 있기 때문이다. 특히 시행 1년 6개월에 접어든 '소득주도 성장' 정책으로 인한 신규 취업자 감소, 소득격차 확대의 문제점을 되돌아보고 정책 전환에 필요한 대책이 제시될 것이란 관측이 많았다.

그러나 이런 기대는 여지없이 무너졌다. 시정연설은 오히려 기존 정책의 당위성을 한층 강조했다. 문 대통령은 "우리는 함께 잘살아야 한다"고 운을 뗐다. 그러면서 "세계가 찬탄을 보낼 만큼 우리 경제가 성장했지만 그동안 양극화가 극심해졌고, 발전된 나라들 가운데 경제적 불평등이 가장 심한 나라가 됐다"며 "경제 불평등을 키우는 과거 방식으로 되돌아갈 수는 없다"고 주장했다. 나아가 "국가가 국민의 삶을 전 생애에 걸쳐 책임지고, 기업이 사회적 책임을 다하며, 국민 단 한 명도 차별받지 않는 나라가 돼야 한다"면서 "그것이 함께 잘사는 포용국가"라고 말했다.

---

4 중앙일보, 사설, 2018년 11월 2일자.

이런 당위론을 편 문 대통령은 올해 대비 9.7% 늘어난 470조 원 규모의 내년 '수퍼예산'에 출산급여 · 아동수당 · 기초연금이 포함됐고, 일자리 예산을 올해보다 22% 늘려 23조 5,000억 원 배정했다는 사실을 조목조목 설명했다. '포용국가로 나아가기 위한 예산안'을 편성했다는 것이다.

'포용성장'은 국제기구에서도 필요성을 인정하고 우리도 예외가 될 수 없다. 취약계층을 지원하고 사회안전망을 확충해야 지속적인 경제성장이 가능하기 때문이다. 하지만 이는 성장의 보완적 수단일 뿐이다. 무상복지 등 나누기에만 치우쳐 성장을 소홀히 하면 경제 파탄에 빠진다는 사실을 베네수엘라가 똑똑히 보여주고 있지 않나.

이런 점에서 어제 시정연설은 성장 엔진을 되살릴 구체적 대안이 제시되지 않아 아쉬움을 남긴다. 더 큰 문제는 "함께 잘살기 위한 성장 전략으로 소득주도 성장, 혁신성장, 공정경제를 추진했다"고 밝힌 점이다. 반시장적 정책으로 신규 일자리가 급감하고 소득격차가 오히려 커졌는데도 "아직 갈 길이 멀다"고 정책실험 강행 의사를 밝힌 것이다.

"함께 잘살자"는데 누가 토를 달겠는가. 하지만 시정연설에도 언급됐지만 주력산업의 침체가 계속되고 대외경제 여건도 나쁘다. 이런 삼각파도 앞에선 배가 난파하지 않도록 불필요한 짐을 모두 내다버리고 엔진을 수리해 최고 속력으로 파도를 정면으로 타고 넘어야 한다. 당장 최저임금의 급격한 인상 속도부터 조절하고 획일적인 근로시간

단축도 조정하는 등 정책 유연성이 필요하다. 나아가 기업이 양질의 일자리를 만들 수 있는 분위기가 회복돼야 한다. 말뿐인 규제완화에 속도를 내고 투쟁 일변도로 나오는 노조에도 단호하게 대응해야 할 것이다. 구체적인 대책도 없이 감성적 논리만으론 경제난국 돌파도 어렵다.

찾아보기

ㅊ

ㅋ

ㅌ

ㅍ

ㅎ

저자 소개

▪ **멘서 올슨**(Mancur Lloyd Olson, Jr., 1932~1998년)

1932년 미국 노스다코타주에서 태어났으며, 노스다코타주립대학교에서 학사 학위, 영국 옥스퍼드대학교에서 석사 학위, 미국 하버드대학교에서 박사 학위를 취득하였다. 미국 공군사관학교 교수, 프린스턴대학교 경제학과 조교수, 미국 보건교육후생부 차관보 등을 거쳐 1969년부터 미국 메릴랜드대학교 경제학과 교수 및 석좌교수를 지내다 1998년 심장마비로 서거하였다. 또한 미국 공공선택학회(Public Choice Society) 회장(1972~1974년), 미국 남부경제학회(Southern Economic Association) 회장(1981~1982년), 미국경제학회(American Economic Association) 부회장(1986년), 미국 동부경제학회(Eastern Economic Association) 회장(1993~1994년) 등을 역임하였다.

주요 저서로는 『전시 부족의 경제학』(The Economics of the Wartime Shortage, 1963), 『집단행동의 논리』(The Logic of Collective Action, 1971), 『국가의 흥망성쇠』(The Rise and Decline of Nations : Economic Growth, Stagflation and Social Rigidities, 1982), 『정치권력과 경제번영』(Power and Prosperity : Outgrowing Communist and Capitalist Dictatorships, 2000) 외 다수의 저서와 150여 편의 논문을 저술하였다. 그의 생애 주된 연구 분야는 공공선택학, 집단재 이론, 집단행동, 국가의 흥망성쇠, 민주주의와 경제번영 등이다.

역자 소개

▪ **이성규**

영국 사우스앰튼대학교(Southampton Univ.)에서 재정학 및 공공선택학 전공으로 경제학 박사를 취득하였다. 국회예산정책처 경제분석관을 역임하고, 한국외국어대, 서울여대, 성신여대, 명지대 강사 등을 지냈으며, 현재 국립안동대학교 무역학과 교수로 재직하면서 한국제도 · 경제학회 편집위원장과 한국공공선택학연구소 소장을 맡고 있다.

주요 저서로는 『Essays on Voting, Tax Policy and Campaigning』(저서), 『합리적 투표자에 대한 미신』(공역), 『공공선택의 이론과 응용』(공저), 『공공경제학』(공역), 『무역정책의 정치경제학』(저서), 『공공선택』(공저), 『나쁜 민주주의 : 왜 정치인 · 관료들은 사익만 추구하는가?』(공역), 『경제학이해』(공역), 『글로벌 무역의 이해』(공역), 『국제무역론』(공저), 『집단행동의 논리 : 공공재와 집단이론』(공역), 『스웨덴의 복지 오로라는 얼마나 밝은가?』(공역), 『애덤 스미스의 도덕감정론 및 국부론 요약』, 『오스트리아 경제학파의 고급 입문서』(공역), 『전쟁과 식량 부족의 경제학 : 영국의 경험과 교훈』 등이 있다.

독재제와 민주제, 그리고 경제발전

초판 1쇄 인쇄 2019년 10월 11일
초판 1쇄 발행 2019년 10월 18일

지은이 멘서 올슨
옮긴이 이성규
펴낸이 박기남
책임편집 차은지
기획 · 영업 박정헌
펴낸곳 **율곡출판사**

08590 서울시 금천구 가산디지털1로 84(에이스하이엔드 8차), 803호
전화 (代) 02) 718-9872/3
팩스 02) 718-9874
홈페이지 http://www.yulgokbooks.co.kr
이메일 yulgokbook@naver.com

등록 1989.11.10. 제2014-000031호
ISBN 979-11-87897-75-0 93320

정가 13,000원